BÁRBARA SERRANO

RICA

LIBERTAD FINANCIERA PARA LA MUJER

Serrano Negrón, Bárbara, 1978
RICA
Libertad financiera para la mujer

ISBN: 978-1-61887-533-4

San Juan, Puerto Rico
Dirección electrónica de la autora: info@barbaraserrano.com

Edición: Gizelle F. Borrero / Divinas Letras
Prólogo: Silverio Pérez, *¡Este libro es una BARBARIDAD!*
Prefacio: Martín Llorens, *El camino para convertirte en una mujer rica*
Epílogo: Antonio Fernós, *Una máquina emprendedora de retos y sueños*
Diagramación, armada de interiores y portada: Carlos López Angleró
Maquillaje y peinado de la autora: Delfín Olmo
Fotografía de la autora para portada y contraportada: José "Pepe" Lara
Accesorios para portada y contraportada: Lizet Miró Design
Este libro se compuso en caracteres: Centaur MT

Impreso por Quad Graphics
Colombia, octubre de 2014

ISBN: 978-1-61887-533-4
La autora está disponible para conferencias, seminarios o talleres.
Para contrataciones, comentarios o sugerencias favor de comunicarse al teléfono (787) 374-8484 o escribir a: info@barbaraserrano.com

A mi hija Allegra Valentina, porque ser la mejor madre es mi mayor responsabilidad, pero mi ejemplo tendrá más fuerza que las reglas. Cuando ríes, mi alma ríe contigo. Lo que más deseo en este mundo es que vivas una vida llena de fuerza y felicidad. Fallar no te convierte en "menos"; continuar y rectificar te convertirá en "una mujer rica". Ama a Dios con todo tu corazón, y Él te guiará por un camino hermoso, de paz y de seguridad. Nunca dejes de soñar y de esperar lo mejor. Sobre todo, vive con la certeza de que naciste amada, y que vivirás, siempre, siendo amada. Te amo.

A a mi madre Nélida Negrón,
a mis sobrinas: Natalia, Margarita y Julianne,
y a mi hermana Michelle
porque son las "MUJERES RICAS" de mi familia.

ÍNDICE

PRÓLOGO:

¡ESTE LIBRO ES UNA BARBARIDAD!

Cuando la editora de este libro, Gizelle Borrero, que es a su vez quien edita mis libros, me pidió que escribiera el prólogo de *Rica: Libertad financiera para la mujer,* pensé que era una broma macabra, como dijera Joaquín Sabina. Primero, ¿qué rayos hace un hombre leyendo –y mucho menos prologando– un libro dirigido a la mujer? Luego, al leerlo, me di cuenta que Gizelle, como mujer sabia que es, me estaba enviando un mensaje no tan subliminal que digamos: "debiste haberlo leído hace muchos años" o "léelo, para que no te vuelva a suceder". Ella me conoce, sabe que he pasado por un duro proceso de quiebra y que ha sido el hecho de enfocarme exclusivamente en lo creativo, sin atender asuntos básicos de mis finanzas, lo que me ha llevado a experimentar grandes retos económicos en esta etapa de mi vida. También sabe que, aunque parezca contradictorio, el dinero nunca me ha faltado, lo que no he tenido es la administración adecuada, o la intención consciente de procurar mi libertad financiera.

El dinero no me ha faltado, porque he combinado tres de cinco factores que a mi entender son necesarios para crear abundancia económica, y que aplican tanto a la mujer como al hombre: Primero, entender que el dinero es una energía poderosa que hay que aprender a manejar; segundo, utilizar los talentos al máximo en el servicio a los demás; tercero, trabajar duro, con pasión, en el área correcta; cuarto, administrar con sabiduría los ingresos; y quinto, planificar tu futuro. En esas últimas dos áreas de mis finanzas es que he fallado, y estoy seguro de que precisamente en esos dos aspectos este libro hubiese sido una bendición para mi vida, como sé que lo será para las mujeres que lo lean y aun más para aquellas que inspiren a los varones de su entorno a leerlo.

Entender que el dinero es una energía, no solo un papel, me tomó tiempo. Crecí en una sociedad donde el pasaje bíblico de Marcos 10:25 –que establece la idea de que "es más fácil que un camello pase por el ojo de una aguja, que el que un rico entre en el reino de Dios"– caló hondo en nuestra psiquis colectiva. "Tener mucho dinero es malo", fue la traducción que me enseñaron, y por consecuencia, fijé en mi mente la creencia de que ser pobre es bueno ante los ojos de Dios. Así que aprendimos a manejar esa energía que es el dinero de tal forma que nos diera para sobrevivir, pero nunca para tenerlo en abundancia.

Luego entendí que lo que en realidad se criticaba en el versículo del libro de Marcos era la avaricia; el apego a acumular riquezas. Pero una cosa es entender algo a nivel mental y otra es superar lo que ya está grabado en tu inconsciente. Así que mi humilde aportación a este excelente libro de mi amiga Bárbara Serrano es un llamado a examinar con qué espíritu nos acercamos al tema de las finanzas. Si es desde la culpa, porque "esos temas son de gente que no entrará al reino de los cielos", el resultado de la lectura del libro será mínimo. Ya el título del libro es como un saeta que va al corazón de esa falsa creencia: *Rica,* como retando el mito, el paradigma, con un *¡Soy rica ¿y qué?!* Por ello, si nos acercamos a la lectura desde la perspectiva de que el libro nos va a ayudar a participar de la abundancia que el Universo pone a disposición de todos, entonces le sacaremos un provecho extraordinario. Este tema es atendido con gran acierto en las páginas de la 17 a la 39.

Tener talento y trabajar duro, no necesito explicárselo a los que me conocen, a Bárbara mucho menos. Por lo tanto, dar de forma correcta esos primeros tres pasos me ha permitido una vida que el 97 por ciento de la población no disfruta. Donde he fallado es en no aprender a disfrutarme lo que se sale de mi zona cómoda; en no acercarme a las finanzas con el mismo entusiasmo y la sensación de placer con que me leo novelas como *Cien años de soledad* o *El ingenioso hidalgo don Quijote de la Mancha*. He fallado en buscar el asesoramiento financiero adecuado y he fallado, sobre todo, en no entender que al manejar mal la abundancia que ha llegado a mi vida he actuado de forma irresponsable, no solo con mi propia vida, sino también con la vida de mis seres queridos. (Estas confesiones parecen un capítulo adicional de mi libro más reciente, *Paso a paso... por El Camino de Santiago*). A Bárbara le tomó solo dos páginas, de la 51 a la 52 para explicármelo.

Los que han leído mis libros de *Humortivación* deben sospechar que mi capítulo preferido de este extraordinario libro es el que nos enseña a descubrir nuestra *"personalidad financiera"*, en la página 50. Mi pasión por los estilos de personalidad, presente también en mis libros *Más Humortivación* y *Domesticando tu Dinosaurio,* me hizo deleitarme con la correspondencia que existe entre los estilos de la mujer impulsiva (sanguínea de acuerdo a mis teorías, que a su vez se derivan de las de Hipócrates), la mujer demasiado buena con la flemática, la sabelotodo con la colérica y la miedosa con la melancólica. De ahí, a la selección de colores del *wallet* fue un viaje alucinante.

Y no les digo nada más, solo que desde mi punto de vista, y sin que los hombres se enteren, creo que nosotros somos quienes más necesitamos este libro. Para muestra con un botón basta: los hombres han estado al mando de la mayoría de las naciones del mundo por demasiados años, y miren el desastre económico que se ha creado.

Quiero terminar explicándoles el título de este prólogo: "Este libro es una BARBARIDAD", porque es muy Bárbara. La conozco desde los tiempos en que era la super modelo preferida de mi país, y su encanto, inteligencia y espontaneidad no ha variado y está presente en este texto. Además, en lo que me toca, es una barbaridad el que no lo haya leído antes.

—Silverio Pérez
Reconocido humorista, escritor, motivador y músico.

PREFACIO:

EL CAMINO PARA CONVERTIRTE EN UNA MUJER RICA

Mi propósito en la vida ha sido y es estar al servicio de la mujer para ofrecerle todas las herramientas necesarias para alcanzar su felicidad y vivir la vida de sus sueños, pues la gran mayoría de las mujeres siempre viven entregadas a sus familias y a sus hijos, pero dejan su bienestar personal para el último lugar en su lista de prioridades. Sin embargo, eso ya se ha terminado, pues ha llegado la hora de tomar control de tu vida para convertirte en la persona que estás destinada a ser: una mujer rica en todos los sentidos de la palabra. Si quieres ser una buena esposa, una buena madre, una buena hermana, una buena amiga y una buena compañera de trabajo, tu deber es primero ocuparte de ti misma para conquistar todos los miedos e inseguridades que te impiden desarrollarte y transformarte en el diamante que ya eres. Tú tienes mucho más potencial del que puedes imaginarte en estos momentos.

Considero que la clave del éxito y la felicidad radica en tres puntos principales. El primero es asumir todos los días responsabilidad de nuestro cuerpo. Para ello, recomiendo hacer ejercicio físico con regularidad y comer de forma sana para tener vitalidad, sentirse joven, sin importar la edad, y disfrutar de una buena salud. El segundo punto es entender que nosotros tenemos el control de nuestra mente para crear y hacer realidad nuestros deseos. Y lo tercero es buscar diariamente la conexión con nuestra sabiduría interna para cumplir con el propósito de nuestras vidas. Ahora bien, una vez te conviertes en el mejor maestro de tu propio ser, un cuarto paso que considero imprescindible para lograr tus sueños es conquistar los miedos que tienes con respecto al dinero, con el fin de que puedas lograr la libertad financiera que te permita alcanzar todos tus deseos.

En mi libro *Vive la vida de tus sueños* comparto el camino para conquistar los primeros tres puntos: cuerpo, mente y espíritu. Ahora, tengo el honor de poder presentarte este maravilloso libro de mi amiga Bárbara Serrano, *Rica: Libertad financiera para la mujer*, para que puedas eliminar todos los temores, miedos e inseguridades que tenías con respecto al dinero, y logres superar los obstáculos que te impedían alcanzar cada una de tus metas personales y profesionales. *Rica* es un libro que no solo te va a hablar de temas financieros importantes –como los pasos para ahorrar e invertir, mejorar tu crédito y pagar deudas, comprar la casa de tus sueños, pagar la educación de tus hijos, o tener un futuro asegurado– sino que te enseñará también cómo utilizar el poder de tu mente positiva y canalizar tu hermosa energía para atraer abundancia y prosperidad a tu vida.

Mucha gente tiene infinidad de mitos y creencias falsas acerca del dinero. ¿Quién no ha oído alguna vez decir que el "dinero no es bueno", "el dinero trae muchos problemas", o "el dinero te impide ser una persona buena y honesta"? Nada más lejos de la realidad. Ahora ha llegado el momento de abrir finalmente tus ojos y todos tus sentidos para dejarte iluminar por los sabios consejos de Bárbara, y eliminar de una vez por todas, ese hechizo que te hizo creer que tú no podías hacerte cargo de tus finanzas. Tú tienes que recuperar el poder que le diste al dinero para que en lugar de convertirte en su esclava, puedas utilizarlo para que te dé la libertad. De lo contrario, si le sigues dando todo el control de tu vida al dinero, entonces será muy probable que sigas viviendo en una relación enfermiza, trabajando en un lugar que no te gusta ni mucho menos te apasiona, o evitando hacer las cosas que realmente deseas simplemente porque no tienes los medios para llevarlas a cabo.

Tal como afirma Bárbara en esta obra, los problemas económicos no son causados por el dinero en sí –pues el dinero no es bueno ni malo– sino por tus propias creencias, tus pensamientos y las emociones que te impiden ver la realidad con claridad. El dinero simplemente es una herramienta que tenemos que aprender a manejar, al igual que aprendemos a conducir, a comer sanamente o a limpiarnos los dientes. Una vez decidas descubrir la verdadera cara del dinero, tus miedos desaparecerán al instante. Si decides leer este libro –y espero que así sea– tus excusas se terminarán muy pronto, porque empezarás a tomar decisiones seguras, meditadas e informadas para tomar en tus manos el control de tu presente y de tu futuro. Además, al conquistar todos tus temores sobre el dinero y el mundo de las finanzas, lograrás no solo mejorar tu calidad de vida, sino dormir mejor por las noches, eliminar el estrés negativo, y sentirte como toda una reina, que brillarás no solo por los diamantes que podrás lucir si los deseas, sino también por tu seguridad y belleza interna.

Bárbara está genuinamente de tu lado, y en las próximas páginas verás cómo abrirá su corazón y su vida, como mujer, madre y empresaria, para que puedas conectarte con su energía y entender mejor que, al igual que ella, tú también puedes hacer la diferencia y lograr el éxito financiero. Al leer sus palabras, sentirás a una amiga muy cercana que vela por tus propios intereses y que solo desea lo mejor para ti. Capítulo tras capítulo, te llevará de la mano por las reglas que necesitas saber para convertirte en una mujer rica, por dentro y por fuera. Bárbara te enseñará que todas las personas tienen el potencial de conseguir el éxito financiero si aceptan y reconocen sus propias debilidades, a la vez que aceptan y reconocen todas sus cualidades. Si estás conectada con tus motivaciones, deseos y hábitos, entonces podrás dejar atrás la culpa de cometer los mismos errores una vez tras otra, para romper con ese círculo vicioso que te mantiene estancada sin poder transformar tu vida y te impide alcanzar tus sueños. Sabes muy bien que información es poder, y por eso, este manual de las finanzas te dará todas las respuestas que estabas buscando y necesitando para actuar con determinación y seguridad por tu propio bienestar.

Uno de los miedos más comunes que enfrentamos los seres humanos es la incertidumbre económica de qué nos puede pasar en el futuro. ¿Tendré un trabajo en el que seré feliz y me dará ingresos? ¿Cuánto presupuesto necesito para dar lo mejor a mis hijos y crear un buen hogar? ¿Me alcanzará el dinero para la jubilación? ¿Podré comprarme la casa de mis sueños? No te sientas culpable si no puedes responder con seguridad a esas preguntas en estos momentos. Posiblemente, ni en tu casa, ni en el colegio, ni en tu trabajo, se han tomado el tiempo para explicarte cómo manejar el dinero para alcanzar tu independencia financiera. Pero la buena noticia es que Bárbara sí lo ha hecho. Ahora bien, te advierto que ella no es una experta financiera tradicional, pues –como verás en las páginas de este libro– Bárbara entiende que el dinero no se trata solo de números, sino también de energía, y ahí es donde está la verdadera clave para obtener prosperidad y abundancia en tu vida. Cuando seas consciente de que tus pensamientos, tu actitud y tu energía tienen un impacto directo en tus finanzas, tu relación con el dinero cambiará para siempre. Ser una mujer rica no significa solo tener dinero en el banco, si no está ligado a tu forma de ser, de compartir, de ver la vida, y al mismo tiempo, de tus creencias, costumbre y valores. El dinero por sí solo no te va a dar la felicidad, pero la libertad financiera te permitirá conquistar tus sueños, y en el proceso, a través de tu esfuerzo y dedicación, te sentirás muy bien al saber que estás tomando control de tu vida y recibiendo los frutos de todo tu trabajo. Pero lo más hermoso de esta transformación lo sentirás cuando te des cuenta que tu ejemplo se convierte en fuente de inspiración para mucha gente que desea empezar su propio proceso de cambio y no sabía cómo hacerlo.

Cada persona tiene una relación única y especial con el dinero, y por dicho motivo, es importante que puedas aceptar con honestidad cómo manejas el dinero, y saber cuál es tu relación emocional cuando tomas decisiones con respecto a tus finanzas. Cuanto más sincera seas contigo misma, por muy difícil que sea la realidad, mejores serán los resultados. No temas a lo desconocido o a las decisiones que tomaste en el pasado. Lo importante es el aquí, y el ahora, las decisiones que tomas en el presente. Tu intuición te ha llevado a elegir empezar a leer este libro para encontrar la respuesta a todas esas preguntas que seguramente siempre has tenido, pero muchas veces has preferido ocultar por miedo al ridículo o al qué dirán. Hoy empieza una nueva vida para ti. Borrón y cuenta nueva. Ahora Bárbara te va a contar todo lo que necesitas saber y verás cómo cuando empiezas a tomar decisiones, poco a poco, irás ganando en seguridad, y muy pronto tus alas estarán bien abiertas para alzar el vuelo y llegar donde tú quieras ir. Así que siéntate relajadamente, respira hondo, toma una libreta para hacer tus anotaciones, y disfruta del proceso. En el fondo de tu corazón sabes que estás haciendo lo correcto, y el conocimiento que irás adquiriendo al leer estas páginas te dará al mismo tiempo la libertad que estás deseando tener para vivir la vida de tus sueños.

En muchas ocasiones me gusta decir: "dime cómo vistes y te diré quién eres", "dime cómo comes y te diré quién eres" o "dime cómo piensas y te diré quién eres". Ahora ya puedo incorporar una nueva frase a mi repertorio: "dime cómo tratas el dinero y te diré quién eres". Tu experiencia con el dinero no es más que un espejo que refleja la relación que tienes contigo misma. Leyendo *Rica: Libertad financiera para la mujer* te darás cuenta que mucho más allá de aumentar el dinero que puedas tener en el banco, o lograr conquistar tus metas financieras, te permitirá finalmente hacer las paces contigo misma y tomar el control de tu destino, por tu propio bien y felicidad. Una mujer rica es una mujer con una actitud saludable con respecto al dinero, que no crea excusas si no tiene dinero, ni culpa a los demás por su situación económica, sino que se hace responsable de sus decisiones y acciones. El dinero no es más que dinero, una herramienta importante para utilizar en tu vida, que te permite obtener la libertad que necesitas para desarrollar todos tus maravillosos talentos y cualidades.

Te deseo una feliz lectura, y recuerda siempre, que tú eres tu mejor inversión, un bello diamante en bruto. Tu deber ahora es reconocerlo, empezar a pulirte a ti misma con mucho amor, darte el verdadero valor que te mereces, y brillar como la estrella que eres.

—Martín Llorens
Autor, presentador internacional de televisión, empresario, experto de imagen y belleza, y consejero de vida.
www.holamartin.com

INTRODUCCIÓN

Ser mujer en esta época no es nada fácil, ya que la gran cantidad de responsabilidades que tenemos que enfrentar a diario nos presenta innumerables retos. Las mujeres representamos un porcentaje más alto de la población mundial y generamos más ingresos para nuestras familias que lo que debían producir las féminas en otros tiempos. Cada día asumimos más riesgos y puestos dirigentes en el ámbito político y profesional. Al mismo tiempo, se espera que sigamos cumpliendo con nuestro rol tradicional en el seno de la familia y la comunidad. También cada vez somos más las que asumimos la obligación de criar a nuestros hijos o hijas solas, como jefas de familia. ¿Cómo nos las ingeniamos las mujeres para hacer frente a todo esto? ¿Quién nos guía o a dónde podemos acudir? ¿Quién nos comprende de verdad?

¿Por qué a todas las personas –sobre todo a las mujeres– se nos hace tan difícil hablar de dinero? El manejo de nuestra economía es un hábito necesario y debemos generarnos condiciones que nos faciliten el proceso de aprender a que el dinero trabaje para nosotras y no nosotras para el dinero. En este tema, como en todo en la vida, la educación es la base del éxito.

Crear abundancia y riqueza no es nada fácil. Si fuera tan fácil, todas seríamos ricas. Lo que pasa es que culturalmente nos han programado para ver solamente las oportunidades que consideramos seguras. Me explico... En primer lugar, nos enseñan a levantarnos todos los días para ir a la escuela con la intención de estudiar doce años consecutivos y lograr buenas calificaciones. Posteriormente, se nos insta a estudiar un promedio de cuatro años en la universidad para obtener un grado de bachillerato –y, por supuesto– allí también nuestra meta será mantener un buen promedio académico. Con eso –según nos dicen nuestros padres– obtendremos un trabajo "SEGURO" que nos permitirá mantener a nuestras familias y comprar una casita. Entonces vamos creciendo con la idea de que basta con que estudiemos y nos graduemos para que podamos tener seguridad financiera –o incluso riqueza– en un futuro. Pero, ¿será cierto? ¿Cuántas amigas de tu escuela conoces que sean financieramente estables o ricas?

Ya me parece escuchar a algunas de ustedes decir que "el dinero no lo es todo en la vida" o que "el éxito no se mide solamente con dinero". A todas aquellas que piensan así, las invito a leer varias páginas de mi libro para que puedan entender mi mensaje. Las mujeres que viven en la escasez económica siempre comentan que están muy ocupadas para perder su tiempo pensando en cómo hacerse ricas. Sin embargo, muchas de ellas compran semanalmente un billete de lotería para ver si dan con ese golpe de suerte que las saque de forma milagrosa de la pobreza.

Las mujeres que actúan de esa forma, por lo general piensan lo siguiente:

- El dinero no importa.
- Debo ganar más dinero para poder ahorrar.
- Mi casa es mi mejor inversión.
- Para ahorrar, debo privarme de todo lo que me gusta (pasatiempos, viajes, salidas a comer).

Por experiencia, te aseguro que estas ideas son solo un pretexto para justificar tu mal manejo de las finanzas. ¡Así como lo oyes! A un nivel inconsciente, prefieres seguir repitiéndote esos mensajes porque te crees incapaz de aprender a manejar tu economía.

¿Eres de esas personas que se levantan felices todas las mañanas porque tienen un trabajo "seguro"? ¿Bendices tu trabajo diariamente porque tienes un cheque "seguro" cada dos semanas y eso te da la seguridad que necesitas para tu familia? ¿Te crees merecedora de un buen aumento de sueldo, pero nunca se lo has pedido a tu jefe? ¿Ves el dinero como una ilusión; algo imposible de alcanzar? ¿Siempre te preguntas cómo puedes hacer dinero?

Si te identificas con cualquiera de las interrogantes que te presenté en el párrafo anterior, pasarás la mayoría de los mejores años de tu vida trabajando por dinero, sin comprender realmente porqué trabajas. El miedo a quedarnos sin dinero nos lleva muchas veces a la siguiente rutina: levantarnos, ir a trabajar, pagar las cuentas a principio de mes para mantener nuestra puntuación crediticia en números óptimos y disfrutar dos o tres horas en el fin de semana con la familia. Simplemente, no pensamos en otras oportunidades que pueden surgir de nuevos talentos que no hemos descubierto.

La mayoría de las personas que enfrentan problemas económicos, o que tienen deudas que parecen no acabar, buscan experimentar un crecimiento mayor en sus finanzas. Y lo cierto es que esa es una de las formas en que se puede mejorar la condición financiera. Es por eso que debemos mantenernos atentas a cualquier oportunidad que se nos presente. Conviene preguntarse, ¿qué podría ser una oportunidad? ¿Cómo puedo advertir que tengo una posibilidad de incremento económico ante mis ojos?

Hace dos años estaba buscando hacer un proyecto que me permitiera ayudar a las mujeres. Fui a seminarios sobre economía, autoayuda, leyes federales y regulaciones económicas, así como empresarismo para mujeres, y hasta creé un grupo de apoyo con mis mejores amigas. Sin embargo, estaba tan concentrada en organizar algo "grande", que no podía ver la oportunidad que tenía en mí misma.

Fue tan sencillo como sentarme un día en mi computadora a principios de este año y darme cuenta de que ese proyecto estaba en mi mente. Un libro de finanzas para la mujer era la herramienta más grande que podría hacer para ayudar a las mujeres. Mi recurso era mi mente, en conjunto con mi educación financiera y mi experiencia. Este libro que tienes en tus manos fue mi oportunidad... ¿Cuál es la tuya?

Una oportunidad es una circunstancia favorable que se presenta en un momento oportuno. Pero como te mencioné anteriormente, el miedo mantiene al ser humano en la trampa de creer que vino a este mundo a hacer una tarea específica y no le permite ver las oportunidades simples que la vida le presenta a cada instante. Imagínate que la líder argentina Evita Perón –una mujer de orígenes humildes que pasó su niñez en el campo y fue marcada por el hecho de haber sido una hija ilegítima– pensara que había venido al mundo para tener una vida miserable. Por el contrario, venció el miedo y se labró un camino al trabajar como actriz, modelo y locutora. Se casó con el presidente argentino Juan Domingo Perón y desde su posición como primera dama luchó por los derechos de los trabajadores y de la mujer. Su fundación construyó hospitales, asilos y escuelas e impulsó el turismo social mediante la creación de colonias de vacaciones, difundió el deporte entre los niños al promover campeonatos que abarcaron a toda la población, otorgó becas para estudiantes, ayudas para la vivienda y promovió a la mujer en diversas facetas.

Vivimos tan desconectados de las nuevas oportunidades que nos regala la vida que no vemos la posibilidad de generar dinero de maneras creativas y por eso insistimos en tener ese cheque que nos proporciona seguridad todos los meses.

Te pregunto: ¿has analizado por qué llevas veinte años trabajando para la misma compañía y no logras las metas financieras que te propones cada año? ¿Por qué estamos experimentando momentos donde se siente a gritos en los medios de comunicación, en los círculos sociales y en las voces desesperadas de nuestros amigos, familiares y vecinos, la necesidad apremiante de crear una nueva manera de tener éxito financiero o mejorar nuestra calidad de vida?

Con este libro me propongo ayudarte a ver oportunidades, a vencer los miedos que te detienen, a combatir las inseguridades que no te permiten enfrentarte al mundo de posibilidades que se te presentan a diario sin que siquiera te des cuenta.

Mi jefe actual, Carlos Marín, me dio una gran oportunidad cuando me abrió las puertas a las oficinas de uno de los principales bancos en Florida. Carlos es de esos jefes que dejan volar nuestra imaginación, y por eso surgen multitud de ideas innovadoras dentro del banco. Para un simple jefe, la autoridad es un privilegio de mando, pero para un buen líder es un privilegio de servicio. El jefe piensa y siente: "Aquí mando yo", mientras que el líder se rige por la consigna: "Aquí sirvo yo" y mediante su ejemplo inspira a las personas a dar lo mejor de sí mismos. Aunque enfrentamos retos a diario en nuestros trabajos, con nuestras familias o con los hijos, te invito a que hagas como yo: encuentra a esa persona, proyecto u oportunidad que te inspira a alcanzar tu sueño y verás cómo el dinero comienza a fluir en tu vida.

Somos humanas, y por tanto, cometeremos errores en el camino. Sin embargo, tengo que confesar que también he visto oportunidades en los momentos en que he cometido errores. Cuando me tomo el tiempo para reflexionar durante esas etapas difíciles, puedo descubrir nuevas ideas positivas para mi desarrollo profesional en el futuro. Solo tengo que enfocar mis energías en aprender y encontrar el mejor camino. Por eso, para ser una mujer rica, debemos estar pendientes de todo lo que ocurre a nuestro alrededor porque en cualquier conversación, lectura, pasatiempo, trabajo, etc., se presentan oportunidades para ampliar nuestros talentos y desarrollar nuevas capacidades. Solo tenemos que estar con los ojos bien abiertos para poder aprovecharlas.

"La mejor forma de hacer dinero es amando lo que haces. No te canses, sigue buscando y no te conformes. La mayor parte de la gente piensa, pero nunca lo hace".

—*Amaury Nolasco*
Actor

LA MUJER RICA AMA EL DINERO

Tu relación con el dinero

Los únicos límites son aquellos que existen en nuestra mente, pero que a veces son tan grandes que nos impiden avanzar, crecer y mejorar. Recuerda, la riqueza no es más que un estado mental. Atraes el dinero o lo alejas, todo depende de la forma en que piensas.

Ama el dinero, sin obsesionarte con él.

Comienza a visualizarte con el dinero que deseas, como si ya lo tuvieras. Habla, actúa y piensa con una actitud y mentalidad de riqueza y abundancia. Deberás eliminar cualquier pensamiento que promueva mensajes de carencia y pobreza como: "No tengo dinero", "Eso es demasiado caro" o "Nunca podré tener eso". Aprecia todas las riquezas que observas a tu alrededor, incluyendo las riquezas de otros.

Si ahora mismo no tienes el nivel de vida que quieres, es porque las creencias negativas que tienes en torno al dinero le han ganado a las positivas, así que haz una pequeña señal a cada una de las creencias negativas y transfórmalas en positivas. Toma como base una de estas frases que escuchamos comúnmente: "Los ricos son malos. Todas las personas ricas son frías y avaras". Busca ejemplos que contradigan esa creencia, porque te aseguro que los hay. Encuentra casos de personas exitosas que tengan relaciones sanas con sus familiares y amigos; que aporten su tiempo a eventos de impacto y transformación social, que donen parte de sus ingresos a entidades benéficas y que a pesar de disfrutar una vida de abundantes lujos, suelen poner por delante una amistad, antes que el valor del dinero.

Decir que los ricos son malos, es tan inapropiado como afirmar que los pobres son unos criminales.

En el mundo ya existen más de diez millones de personas que son millonarios en dólares y muchos de ellos aportan parte de sus ganancias a personas necesitadas. En Estados Unidos, al menos cuarenta de las personas más ricas de la nación han acordado donar la mitad de su dinero a causas benéficas. Esto ocurrió gracias a una iniciativa de los estadounidenses Warren Buffett (un inversionista y empresario estadounidense, considerado como uno de los más grandes inversionistas en el mundo, con una fortuna personal estimada en 58 mil millones de dólares) y su amigo cercano Bill Gates (otro empresario y filántropo estadounidense, cofundador de la empresa de *software* Microsoft, cuya fortuna está estimada en 80 mil millones de dólares, según la revista Forbes). Juntos han liderado una campaña que ha tenido como resultado que cuarenta de los billonarios de esa nación (es decir, personas con fortunas de más de mil millones de dólares) hayan acordado donar al menos la mitad de su dinero a diferentes causas mundiales.

Entre los que han prometido donar la mitad de sus fortunas para mejorar al mundo se encuentran: Michael Bloomberg, exalcalde de la ciudad de New York; el co-fundador y actual Gerente General de Oracle, Larry Ellison; el magnate de los medios Ted Turner; el reconocido David Rockefeller, y el director de cine y creador de la saga *La Guerra de las Galaxias,* George Lucas.

Demuéstrate a ti misma que eso que piensas acerca del dinero es falso, y transforma esa creencia limitante en una fuente de energía positiva. Te aseguro que cuando hayas desafiado tus creencias te sentirás mucho mejor al relacionarte con el dinero y atraerás la abundancia a tu vida. Cuando tienes una creencia limitante, tu vida pierde riqueza, ya que no eres capaz de percibirla correctamente. Por ejemplo, si saliste herida en una relación de pareja y empiezas a creer que todos los hombres son "malos", esa creencia no te permitirá ver a pretendientes "nobles", pues no encajarán en tu sistema de creencias.

En realidad lo que nos hace ricas es ser conscientes, congruentes, dar el valor a lo que realmente lo merece, estar receptivas a pensamientos positivos y desafiar ese mensaje equivocado —entre falsa humildad y culto a la pobreza— que nos hace creer que seremos más ricas en la medida en que no deseemos tener dinero, cuando el concepto real de la abundancia no es la escasez, sino el desapego.

El primer punto es comprender que somos una integridad energética, y que por ello cada acción que realizamos tendrá una manifestación tangible. Somos energía, y la energía no se destruye, solo se transforma. Cuando hagas un cambio de "*chip*", es decir, cuando transformes el viejo pensamiento negativo que tienes hacia lo "material" y lo renueves por el concepto de que el dinero es energía, entonces comenzarás a darle el valor que verdaderamente tiene.

Nuestra energía es el conjunto de cualidades y talentos que poseemos y que le otorgamos a cierto trabajo. Son las habilidades que le rentas a tus jefes o clientes a cambio de un pago semanal o quincenal. El esfuerzo o sacrificio que entregas a tu trabajo es el tiempo que dejas de hacer otras actividades importantes por obtener ese monto presentado en forma de dinero. Por eso cada vez se contrata más a las personas con disponibilidad de tiempo, es decir, individuos que no tienen inconveniente en perder su vida en el trabajo cotidiano.

En otras palabras... "Vivimos para trabajar, no trabajamos para vivir".

Hemos dejado de cultivar nuestro ser por enfocarnos solamente en conseguir dinero. Por eso vemos cómo cada día se recrudecen los problemas sociales. En vez de que nuestras actividades nos permitan desarrollarnos y estar completos, llenamos nuestros vacíos existenciales con dinero o comprando cosas que no necesitamos.

¿Cuánto cuesta cada instante de tu vida? Si supieras cuánto tiempo te resta de vida, ¿Cuánto pagarías por tus sueños no cumplidos; los que no lograste porque te venció el miedo y perdiste tu tiempo en actividades intrascendentes?

Incluso en las empresas ya están despertando a esta nueva conciencia del ser, en donde los jefes comprenden el verdadero valor de la actividad empresarial como vía para el desarrollo –no solo profesional, sino también físico, emocional y espiritual– de los empleados. Los verdaderos líderes de negocios buscan el bienestar en su vida y en la de todas aquellas personas que están comprometidas con su misión.

Como se explica en el artículo "Dinero es la materialización de tu energía" (publicado en la página de Internet lailuminacion.com), no es que renuncies a tu trabajo, sino a que seas consciente de que la actividad que hagas –sea la que sea– la realices con pasión.[1] Al trabajar de esta manera, sentirás el fuego de tu esencia y transformarás el tener en ser. Pensar en el dinero como energía te permitirá darle el valor que verdaderamente tiene. De ahí depende el bienestar propio y de los nuestros, dejar de lado la programación mental de pobreza y dar el primer paso hacia la riqueza. Cuando pensamos en ganar dinero, debemos ser conscientes de que hay un intercambio de energía en lo que deseas y lo que estás dispuesto a recibir.

Organízate ya y elimina los pensamientos de escasez y lucha. Por ejemplo, un pensamiento de escasez sería: "No hay suficiente; no puedo gastarlo".

Sentir que no hay dinero, que no alcanza, que no se tiene, en ocasiones no responde al estado económico real de tu familia. Pueden ser creencias limitantes y lealtades aprendidas de nuestros padres que inconscientemente venimos arrastrando del pasado.

Abraza a la abundancia en este momento. Esto no se logra de la noche a la mañana, pues cambiar un pensamiento limitante implica adquirir un hábito y practicarlo por lo menos treinta días para hacerlo parte de tu vida cotidiana.

Agradece a diario por todo lo bueno que tienes en tu vida y estarás empezando a instalar la mentalidad de abundancia en tu subconsciente. Abrazar la abundancia significa pensar siempre como si se disfrutara de una prosperidad absoluta. Por ejemplo, mientras más das, te aseguro que más recibirás. La abundancia siempre ha estado y estará, pero solo hace falta que reprogramemos nuestras mentes para manifestarla en nuestras vidas.

¿Cómo comenzamos? La mujer rica crea su prosperidad determinando qué es lo que mejor hace y qué es lo que más disfruta hacer. Con tu idea, proyecto o sueño podrías agregar valor a la vida de los demás y lograr un cambio positivo en tu vida.

"La relación con el dinero debe ser saludable. Ahorrar, priorizar y presupuestar. Para mí, tres puntos claves en una buena relación con el dinero. Ni temor ni dependencia. La felicidad no se compra, se genera del corazón".

—*Ednita Nazario*
Cantante

LA MUJER RICA

PIENSA POSITIVAMENTE SOBRE EL DINERO

Nací en Ponce y fui criada en un pueblo llamado Naranjito, situado en las montañas de Puerto Rico, donde conocí a muchísimas personas que no estaban satisfechas con su nivel de abundancia o de riqueza. Mucha de la gente del pueblo manifestaba constantemente algo negativo en torno al dinero. Como mencioné antes, desde pequeños nos han transmitido distintos pensamientos limitantes acerca del dinero, y esa creencia adquirida –reforzada mediante las experiencias negativas que hemos tenido a lo largo de nuestra vida con el manejo de nuestras finanzas– nos han hecho creer y reafirmar determinados razonamientos, que de tanto repetirlos los hemos transformado en nuestra verdad. Todos esos pensamientos se han convertido en las creencias que guían nuestra conducta financiera, y es precisamente ahí por donde debemos empezar a actuar.

La mayoría de las personas que no están contentas con su relación con el dinero, no desafían sus creencias, sino que simplemente actúan partiendo de ellas. Y aquí está el primer error.

Para atraer la prosperidad a tu vida debes tener en cuenta diversos factores. Uno de los principales es determinar qué quieres lograr y qué acciones vas a tomar para conseguir tus metas. Aunque proyectar con claridad tus objetivos financieros es un primer paso en la consecución de la abundancia que deseas, lo cierto es que no debes descuidar algo fundamental: que ahora mismo tus creencias negativas te están limitando y están decidiendo por ti. ¿Quieres eso? No, ¿verdad? Pues...¡DESAFÍALAS!

Gracias a mi madre –una mujer independiente, luchadora y muy conocedora del tema de los números– pude ver la vida un poco diferente a como la ven la mayoría de las mujeres. ¿Por qué? Los hombres eran –o debo decir que todavía son– los "señores de las finanzas", por lo que a mi corta edad no podía entender por qué cada vez que hablaban, los temas de los hombres siempre se dirigían a asuntos relacionados con las mujeres y el dinero, mientras que –por el contrario– las mujeres solían conversar sobre la familia. Por fortuna, en nuestro hogar mi madre hablaba de ambos temas, lo que me creó una estructura mental financiera y resultó ser una base sólida para mis creencias y mi forma positiva de ver el dinero.

Hay algo que yo recuerdo siempre de las enseñanzas que me dejó mi mamá en torno al dinero. Siempre recuerdo escuchar a mami decir que: "el dinero aparecerá del alguna forma u otra". Aunque sí hubo limitaciones de dinero en nuestro hogar, mi hermano Rafael y yo crecimos sabiendo que siempre mi madre iba a resolver las necesidades económicas de alguna forma. Yo nunca supe si sus amistades le prestaban el dinero, si usaba el "Bono" de su trabajo, si pedía un préstamo en una cooperativa o si mis tíos se lo prestaban, yo solo confirmaba que en efecto, cada vez que lo necesitábamos, el dinero aparecía.

Siempre me maravilló cómo mi madre administraba los recursos en mi casa. Sin ser abundantes, le permitían llevar el control de todos nuestros gastos. Ahora comprendo que lograba cubrir todas nuestras necesidades porque todo lo basaba en un presupuesto. No solo atendía las necesidades de cada uno de nosotros, sino que poco a poco compró muebles y todo el equipo electrodoméstico que se requería en nuestra casa.

Hoy día, comparo esa materialización "milagrosa" del dinero con el fenómeno de las cosas que a veces se nos "DESAPARECEN" y más tarde "APARECEN" como por arte de magia. En momentos de misteriosas desapariciones de objetos, tal vez recuerdes haber dicho algo como esto: "No lo entiendo, estoy segura que lo había dejado aquí. ¡Pero si no he salido de la habitación! ¡No está!". Lo más seguro es que te haya pasado a ti en alguna ocasión. ¿Cuál puede ser la causa? La persona lo busca, incluso a veces involucra a otras personas en la búsqueda, pero nadie encuentra nada. Al poco tiempo o al día siguiente, el objeto reaparece en el mismo lugar donde siempre lo dejaba o en un lugar visible donde lo había buscado hasta el cansancio cuando se desapareció.

Muchas son las preguntas que surgen al respecto. En la mayoría de las ocasiones, cuando ocurren estos fenómenos inexplicables, no les hacemos caso o simplemente pensamos que la desaparición ocurrió como resultado de un descuido nuestro. Sin embargo, no todos los casos tienen una explicación tan sencilla. No hay ninguna hipótesis científica que asevere que un objeto pueda volverse invisible y después de un tiempo se vuelva visible otra vez. No obstante, ese es, precisamente, el efecto que podemos observar con el tema del dinero. De algún modo, esa invisibilidad temporal es posible; pero podemos abrirnos a la posibilidad de creer que siempre el dinero está o estará en tu cuenta si cambias tus patrones mentales y tus acciones.

Para la mujer rica el dinero es energía. De acuerdo al artículo "La Ley de atracción" (publicado en la página de Internet Motivación y Superación personal.com), la energía tiene una cierta frecuencia vibratoria y nosotros atraemos todo aquello que está en esa misma frecuencia en la que "vibramos".[2] Por lo tanto, tenemos la capacidad de atraer la cantidad de dinero que está en sintonía con nuestros pensamientos. A veces estamos cegados por lo que pensamos: "el dinero es malo, no tengo dinero, mi situación económica es desastrosa", y es ahí donde compara esa invisibilidad temporal a la que me refería con respecto a los objetos que se nos pierden.

“Siempre que escuchaba a alguien decir: ‘El dinero llama al dinero’ pensaba: ¿Cómo voy a atraer dinero si no tengo? Con el tiempo aprendí que lo único que hace falta es pensar en abundancia, y llegará. Una mente positiva y en actitud de agradecimiento con la vida, es un imán para el dinero”.

—*Katiria Soto*
Abogada

LA MUJER RICA

FLUYE CON EL DINERO[3][4]

Desafía tus creencias

Una manera eficaz de borrar las creencias limitantes de nuestra mente es desafiándolas. Por eso te invito a que hagas este sencillo ejercicio para empezar a sustituir las creencias negativas que te impiden manifestar la abundancia material, por otras mejores que te permitan abrir tu mente a una nueva conciencia de prosperidad:

1. Escribe en la parte izquierda de un papel TODO lo que pase por tu cabeza acerca del dinero, sea bueno o malo: TODO. En la otra mitad –el lado derecho–, haz una lista de todo lo que harías si contaras con una riqueza material ilimitada. No te pongas ningún límite; piensa en grande: imagina que tienes todos los recursos que deseas.

¡¡Sé creativa!! A fin de cuentas, estas dos formas de pensar se verán reflejadas en este ejercicio.

2. Cuando hayas terminado las dos listas, concéntrate en la de la izquierda. Lee de nuevo todo lo que piensas sobre el dinero. Analiza cada creencia e identifica si es positiva o si por el contrario te está limitando. Si entre tu lista hay frases como: "El dinero me brinda libertad", déjalas. Está genial que pienses así. Pero en esa lista también podrías encontrar pensamientos negativos que están evitando que la abundancia llegue a ti, así que si descubres creencias como: "El dinero solo vuelve a las personas avaras, desconfiadas y

frías", procura sustituir esas frases cargadas de negatividad por afirmaciones que expresen exactamente el sentimiento contrario. Por ejemplo: "Es muy complicado ganar dinero". Elimina esta falsa creencia que lo más probable provenga de viejos preceptos religiosos muy arraigados en nuestra sociedad como: "Te ganarás el pan con el sudor de tu frente" o de otro refrán aun más popular que nos advierte: "Dios aprieta, pero no ahoga". Estas ideas tan comunes son bloqueos internos más poderosos de lo que crees, y te aseguro que están saboteando tus esfuerzos de ganar más dinero.

La mujer rica genera creencias positivas sobre sí misma y sobre su entorno hasta obtener cambios positivos en su programación mental. La mujer rica repite con frecuencia afirmaciones positivas y desplaza poco a poco la programación negativa de su subconsciente.

3. Una vez tengas tus dos listas, evalúa la lista de la derecha y lee en voz alta todo lo que harías si tuvieses el dinero necesario para ello. ¡Lo que sea! Léelo y reafirma tu capacidad de obtenerlo repitiendo todas las creencias positivas que escribiste en el primer ejercicio. Eso te ayudará a ponerte en la frecuencia adecuada para empezar a atraer hacia ti la abundancia y la prosperidad que mereces. ¡Es genial todo lo que puedes atraer si te pones en la frecuencia correcta y encaminas tus acciones a ello! Cada vez que ganes dinero, afirma que esa es la evidencia de tu nueva creencia y de tu nuevo estado de conciencia.

Por ejemplo, una vez escuché a un *broker* decir: "El dinero no me da la felicidad, pero me calma los nervios". Su planteamiento sugería que su felicidad aumentaba a medida que sus ingresos se incrementan. ¿Por qué? Porque disponer de dinero suficiente le permitía incrementar las experiencias agradables de vida que disfrutaba con su familia. ¿Cuántas veces semanalmente le dices a tus hijos que no tienes dinero para hacer cualquier actividad? ¿Esta creencia limitante está en tu lista de la izquierda?

Las emociones reactivas nos llevan a comportarnos como víctimas y permiten que busquemos excusas para que nuestra inteligencia financiera no se desarrolle. Entonces, lee las preguntas de nuevo y... DETENTE, PIENSA, EVALÚA y PROCEDE.

La riqueza se refiere no solo a la abundancia de dinero o de bienes materiales, sino también a la posesión de talentos y salud emocional, entre otros recursos internos.

¿Por qué la gente está tan enfocada en la falta de dinero? ¿Acaso "fluyes"?

Las dos razones más comunes por las que la mayoría de las personas no tienen más dinero son:

- Porque condenan el dinero.
- Por conformismo - Muchas personas se han resignado a ser pobres hasta el punto en que se sienten cómodos con la pobreza. Esta actitud podría haberse desarrollado como un patrón mental subconsciente producto de la educación recibida cuando pequeños. En familias en las que se sienten cómodos viviendo "día a día", se puede perpetuar ese sentimiento de comodidad en torno a la pobreza. Personalmente, no le veo ninguna virtud a la pobreza.

Para que puedas identificar si uno de estos dos patrones mentales está limitando tu acceso a la prosperidad, te sugiero que comiences a preguntarle a tu conciencia: "¿Cuál es mi relación actual con el dinero?" "¿Me parece que el dinero destruiría mis valores éticos, morales o espirituales?" "¿Me he acostumbrado a la idea de que soy pobre?" "¿Prefiero vivir en la pobreza a tener que asumir el reto que conlleva cambiar mi forma de pensar en cuanto al dinero?". Dedica tiempo a desenmascarar la verdadera razón de por qué el dinero no fluye en tu vida.

Para tener dinero tienes que enfocarte en la abundancia, no en la escasez.

Mucha gente se enfoca en frases negativas como estas:

- Ufff... ¡Qué caro está todo!
- No tengo el dinero.
- Ya el presupuesto no me rinde como antes.
- Acaban de subir el costo de la gasolina, el pan, la leche, etc...
- Los impuestos cada vez son más altos.
- Vacaciones, ¿queeeeeeeé?, no podemos.
- No tengo dinero para esto, no tengo para lo otro, no tengo para aquello...

Encauza correctamente tu relación con el dinero y logra el éxito que tanto anhelas. Lo que tenemos en la vida es un reflejo de lo que creemos merecer.

¿Cuándo el dinero se convierte en la raíz de todos tus males?
1. *Cuando piensas que lo único que necesitas es dinero.*
2. *Cuando necesitas o quieres el dinero para ser feliz.*
3. *Cuando lo utilizas para adquirir cosas ilegales.*

¿En alguna parte de tu conciencia no quieres aceptar el dinero?

No concentres tus energías en cuestionarte por qué tú prosperar mientras otras personas no. La oportunidad que abra las puertas de la prosperidad siempre está ahí –para todos– aceptarla o no depende de cada uno de nosotros.

El dinero no es bueno ni malo, únicamente "es".

Quienes me conocen, saben que utilizo mucho una palabra en mi vocabulario: "fluir". Yo fluyo en todos los aspectos de mi vida, así soy más feliz.

Te pido que intentes:

- Fluir con la prosperidad.
- Fluyeeee con el dinero. Pero cuando te digo: Fluyeeeee, Fluyeeeeee!!!

Cuanto más fluyas, más positiva estarás, más oportunidades encontrarás en el camino, más cambios positivos notarás en tu trabajo o en tu negocio... y sobre todo, tendrás más fe porque acostumbrarás a tu subconsciente a ver con positivismo las nuevas ideas. Y con el tiempo descubrirás que a veces, hasta las ideas más simples pueden convertirte en millonaria.

No permitas que esas personas negativas –quienes consideran que amar el dinero es malo– influyan en ti y cambien tus pensamientos positivos a favor de la abundancia económica. Soy sobrina del Obispo de San Juan, Monseñor Hermín Negrón Santana (que en paz descanse), y de Sister Ida Negrón Santana, Directora del Colegio San Antonio en Isabela, quienes junto a mi familia materna me enseñaron a vivir una vida de principios, valores y con el amor de Dios; pero que también me enseñaron a valorar la prosperidad, y a visualizar el dinero como una bendición de Dios que podíamos utilizar para construir nuestros éxitos en favor de nuestro propio bienestar, el de nuestra familia y el de todas las personas a quienes pudiéramos servir a lo largo de nuestra vida.

Por eso, cuando alguna persona me pregunta qué es más importante, si el amor o el dinero, yo le respondo con otra pregunta: "¿Qué es más importante para ti, la pierna izquierda o la derecha?". Las dos piernas son indispensables para poder caminar adecuadamente, ¿verdad? De la misma forma, el amor es tan importante en su función, como lo es el dinero en la suya. Tal como las piernas mantienen nuestro cuerpo en un balance perfecto; el amor y el dinero le dan balance a nuestra vida. Si no fuera así, intenta pagarle tu hipoteca al banco con amor los días quince o trata de comprar el amor del hombre de tus sueños con dinero.

¿Sabes con claridad cuál es tu verdadera riqueza? ¿Esa que puede hacer que tu dinero te produzca más dinero? ¿En qué basas tu deseo de riqueza? ¿Alguna vez te has cuestionado qué es lo que te mueve a querer adquirir verdadera abundancia en tu vida?

Te doy un ejemplo: ¿Qué motiva a una mujer rica que le gusta viajar?

- ¿Es el deseo por conocer tierras lejanas?
- ¿Es la satisfacción de haber llegado donde muy pocas pudieron llegar?
- ¿Es acaso la necesidad por demostrarle a otros su valía?

¿Cuál es tu motivación para atraer la abundancia o el dinero?

Tienes alguna motivación errónea: "Ya verán cómo me haré rica y les demostraré que SÍ soy capaz"... Este es un enfoque que parte desde la ira, el resentimiento y la necesidad por demostrar el valor propio como una forma de desquite.

> *La mujer rica tiene claro cuál es su verdadera riqueza, cuáles son sus deseos y elimina subconscientemente cualquier motivación errónea. La mujer rica está segura de su valor como persona por lo que su valía jamás dependerá de sus posesiones.*

La mujer rica declara: "Quiero ser rica, porque reconozco que el mundo es maravilloso y hay mucho que recibir y dar en este universo abundante". La mujer rica desea tener total abundancia para poder disfrutar de tiempo libre para estar con su familia y las personas que ama, y para dedicarse a lo que más le gusta. Además, la mujer rica quiere ser próspera, porque solo así podrá ayudar a otros, ya que siendo pobre no tendrá un solo centavo para darle a quien verdaderamente lo necesite.

En definitiva, todo dependerá del enfoque. Si basas tu deseo de obtener riqueza en el aparente poder que te da el resentimiento, no importa cuánto dinero consigas, cada día estarás más resentida. Si basas tu deseo de riqueza en el odio o la aversión que sientes por tu situación actual, mientras más rica te hagas, más odio sentirás. Por el contrario, si sustentas tu deseo de riqueza en la tranquilidad, la felicidad, la alegría, la armonía, la libertad, la despreocupación, el bienestar, la calidad de vida y la calma... ¿Qué crees? Exacto, cuanto más rica y abundante seas, más de estos grandes beneficios recibirás.

Como mencioné anteriormente, manifestar la abundancia en tu vida no se consigue de la noche a la mañana, pero trabajar en tus creencias hará que todos tus pensamientos en torno al dinero se vuelvan más positivos y enriquecedores. Cuestiónate una y otra vez qué te está limitando y qué te impide tener todo el dinero que quieres. Te garantizo que la base para atraer hacia ti la vida que quieres consiste en desafiar esas creencias limitantes. Borra de tu mente ahora mismo todas las frases negativas que escribiste en el lado izquierdo del papel y otras similares que vengan a tu mente a diario, porque lo que piensas acerca del dinero determina tu grado de éxito con él.

Sí, es cierto, el dinero no da el cien por ciento de la felicidad... pero ayuda a ser feliz. Así que si crees que el dinero no está hecho para ti, elimina de inmediato ese pensamiento y empieza a atraer ahora el nivel de vida que deseas y mereces.

"Confusio dijo: 'Haz un trabajo que ames y nunca se sentirá como una labor'. Mi papá dijo: 'Ponle amor a tu trabajo'. Con estas dos herramientas tendrás éxito y el dinero llegará a tus manos. Está en ti –como mujer responsable y emprendedora– ver el dinero crecer y no desaparecer".

—*Dra. Jocelyn Méndez*
Dentista cosmética y reconstructiva

LA MUJER RICA SE EDUCA FINANCIERAMENTE

¿Alguien en tu familia podría explicar lo que es la "Educación Financiera"? Pues bien, la educación financiera es un proceso de desarrollo de habilidades y actitudes para la toma de decisiones personales y sociales de carácter económico. ¿Lo entendiste? No te preocupes que yo tampoco lo entendería de no haber sido porque mi mamá se ocupó de educarme financieramente. Pero como sé que esa no es la realidad de la mayoría de los hombres y las mujeres que conozco, un día sentada en mi casa encontré una nueva oportunidad. Se me ocurrió que gracias a la experiencia que tengo como asesora financiera podía permitirme escribir un libro sencillo para repasar algunos temas sobre el manejo del dinero. Pensé que con lo sofisticado que es el tema, algunos profesionales educados en la industria han convertido las finanzas en un tabú. En la mayoría de los casos el tema no se habla y si se habla, la gente no entiende porque lo que les dicen no tiene sentido para ellos.

En la realidad social en que vivimos no se nos educa para ser libres financieramente. En otras palabras, no hay razón para que las mujeres (casadas, solteras, viudas o divorciadas) no aprendan desde muy jóvenes a entender y organizar su vida económica. Es lamentable que muchas de ellas dependan toda su vida de un hombre que no solo lleva las riendas de los asuntos de la casa, sino que pocas veces involucran a la mujer en los temas que tienen que ver con el dinero.

La mujer rica se educa financieramente y está muy clara de su economía.

Mujeres Ricas... en materia de finanzas no hay nada más claro que el agua, los activos ponen dinero en tu bolsillo y los pasivos extraen dinero de tu bolsillo. Así de simple.

Los ricos crean el dinero. Los pobres viven entre deudas. Y la clase media piensa que vive bien, pero no se ocupa de buscar otras opciones y oportunidades que probablemente le surgen a diario en sus propias narices, porque viven enfocados en la rutina diaria.

¿Cuál es tu personalidad financiera?

- ¿Reaccionas compulsivamente y tienes dificultad para pensar a largo plazo?
- ¿Vives preocupada constantemente por las decisiones que tomas con respecto al dinero?
- ¿Eres demasiado conservadora?
- ¿Piensas que tienes todo bajo control? Tanto así, que vives pensando más en el futuro que en disfrutar el ahora.
- ¿Eres muy emocional e intentas complacer a todo el mundo de forma inmediata, por lo que tus impulsos te han llevado a endeudarte?
- ¿Eres la mujer emprendedora que siempre quieres invertir todo en tu negocio?
- ¿Compras artículos de lujo para sentirte mejor?
- ¿Te atreves a jugar a las grandes ligas? ¿No tienes miedo de arriesgar tu dinero porque confías en tu criterio?
- ¿Siempre debes dinero y no tienes un plan para pagar tus deudas?

Tener conciencia de tu personalidad financiera puede beneficiar tu vida en todo el sentido de la palabra. Analiza tu comportamiento sobre cómo gastas y ahorras, y podrás tomar mejores decisiones financieras.

Hace cinco años quedé embarazada. Tuve todas las complicaciones médicas del mundo. En ese momento me vi obligada a dejar de trabajar pues mi condición me lo impedía. Estuve casi siete meses en cama mirando el techo de mi dormitorio, observando mis muebles, curioseando por las ventanas y escuchando el silencio. Sin embargo, tuve tiempo para comenzar a valorar mi inteligencia financiera. No había un segundo en que no pensara qué podía hacer para lograr buscar un dinero adicional para sustituir ese cheque mensual "seguro" que había perdido durante mi complicado proceso de gestación. Para mi sorpresa encontré una oportunidad mayor y comencé mi programa de finanzas personales en WIPR, el Canal 6 del Gobierno de Puerto Rico, gracias a la oportunidad que me dio Ray Cruz, entonces director de la televisora, y a los auspiciadores que creyeron en mí.

Lo sé, ya algunos están diciendo... "Claroooo, Super Bárbara, con sus contactos... así es fácil".

Pero te aseguro que no fue fácil. Solo confirmé que para lograr confianza financiera, una persona necesita enfocarse en su propio negocio y tu propio negocio eres: TÚ. Tus talentos, tus ideas, eso que te hace competitiva ante los demás... Eso precisamente es lo que tienes que descubrir. El ingreso que recibía por mi trabajo consistía mayormente de comisiones, por lo que estaba muy clara de que no iba a recibir pagos inmediatamente. Debían pasar algunos meses. Pensé en mi experiencia durante los años que trabajé en la televisión –en especial mi temporada con Héctor Marcano en "Super Show", con Luisito Vigoreaux en "Eso Vale" y con la productora Gilda Santini en "Otra Cosa"– y descubrí que no había muchas personas que ofrecieran consejos financieros. Superé mis miedos, comencé a desarrollar algunas ideas, mejoré mis hábitos –como, por ejemplo, el pensamiento de abundancia– y confirmé que la falta de éxito financiero no está relacionada a la falta de esfuerzo, sino a que comenzamos con tanto miedo a perder la seguridad de nuestro chequecito mensual, que nunca arrancamos. El miedo al fracaso nos obstaculiza el pensamiento. Sin embargo, no he conocido a una persona que al verse cara a cara ante el fracaso, no resurja más positiva, sabia y vencedora. El fracaso inspira a la gente triunfadora. Ahora bien, eso no quiere decir que hay que fracasar para ser exitoso. No. Nunca consideré un fracaso que mi prosperidad se arruinara en el tiempo de mi etapa de embarazo. Solo fue un periodo de educación con mayor concentración y entrega a mis sueños, en donde aprendí que la mujer rica siente gratitud, perdona, se responsabiliza de sus propios errores, habla de sus ideas, vive nutriéndose de información positiva, transpira alegría y se educa en torno a las finanzas. Precisamente, este es mi mensaje principal. Si vivimos en este estado de abundancia emocional y nos educamos financieramente con conceptos básicos, la vida nos resultará más fácil y próspera.

Además, fue en esa etapa de mi gestación cuando decidí que no podía seguir culpando a los demás por mi fracaso financiero. Repito: NO PODÍA SEGUIR CULPANDO A LOS DEMÁS POR MI FRACASO FINANCIERO. Esta experiencia me reconfirmó algo que ya sabía:

"La diferencia entre la gente mediocre y la gente exitosa es, simplemente, su reacción ante el fracaso".

Pero muchas veces no sabemos cómo convertir la adversidad en oportunidad. He conocido a personas que se han divorciado y diez años más tarde todavía comentan que su vida es una miseria porque su exesposa o su exesposo fue el culpable. *Yeah right!!!!*

Aunque más adelante hablo en detalle sobre la economía de la pareja, a menudo culpamos de nuestro dolor y sufrimiento a los demás: la pareja, los hijos, los padres, el jefe, el sistema, etc. Estar en la situación de víctima no nos permite evaluar nuestra propia responsabilidad frente a los eventos que nos aquejan.

Ser víctima significa perder el poder.

En otras palabras, que otro tiene el derecho sobre nuestra felicidad y que nosotros estamos a merced de esa otra persona que posee el poder sobre nuestras vidas.

Entonces aprendí a no ser dependiente, a liberarme del papel de víctima y a no culpar a los demás por los resultados que obtenía en mi vida.

No culpes a tus padres, a tu escuela, a tu ex, a tus hermanos o al gobierno por tu crisis financiera. Solo necesitamos ser interdependientes y rodearnos de gente más inteligente que nosotros para aprender de ellos.

Decidí salir de mi seguridad porque ya había comprobado que mis victorias siempre siguen a mis derrotas. Comencé a expandir mi círculo de influencias y a eliminar la cadena de dudas que había estrangulado mis pensamientos. Eliminé a personas que influían negativamente en mi vida, aunque fueran cercanas a mi círculo de amistades o incluso de mi familia. Recuperé mi presente, y comencé a disciplinar mi mente financiera con nuevas metas. Compré libros de educación financiera simple, que se pudieran leer rápido y que me resultaran fáciles de entender. Comprendí que el éxito no es una cuestión de suerte, tampoco es un gen con el que nacimos, ni un premio ganado al azar.

Las personas más exitosas son aquellas que aman su trabajo, las que tienen algo creativo y noble que hacer, un lugar donde estar y alguien a quien amar.

Nadie es responsable de tu éxito, de tu prosperidad o de tu alegría. Debes procurar tu felicidad y tu abundancia y mantenerte continuamente en una actitud de ganártelos, pero sobre todo debes utilizar tus recursos para impactar a otras personas... para impactar al mundo.

"No creo haber visto el dinero como una prioridad, sino como una necesidad. Más como un instrumento que me facilite lograr otras cosas. Tengo claro mi presupuesto, mi plan de retiro, y las oportunidades y áreas donde debo seguir afinando financieramente. ¡Necesitamos que más mujeres asuman control de sus finanzas y de sus vidas!".

—Aissa Betancourt
Franchise Owner & Managing Partner
Snelling PR

LA MUJER RICA

CONOCE SU PERSONALIDAD FINANCIERA

¿Cuál es tu personalidad financiera? Busca ahora mismo tu "*wallet*" o billetera.

Te invito a que hagas este ejercicio:

- Tu "*wallet*" está llena de billetes arrugados, facturas y *tickets* andrajosos, antiguas estampitas y fotos de familiares. Eres de las que va dejando caer monedas por el piso cada vez que sacas la cartera. Me huele a que ese desastre se relaciona en gran medida con la manera en que construyes tu futuro financiero... jumm, piensa... Pero, ¿cómo sabemos cuáles son tus creencias con respecto al dinero? Ya te lo dije, piensa por un instante en tu billetera. Umjúuuu... piensa... hazlo por favor...
- El dinero está allí, en alguna parte.
- Tienes dinero en tu billetera, aunque nunca sabes con certeza cuánto. Pero... en el fondo te preguntas... ¿a quién le importa cuánto dinero tengo?
- ¿Y qué?, si no tienes dinero simplemente recurres a una de tus tarjetas de crédito o débito y listo.

Muchas personas tienen miedo de ver cuál es la realidad de su situación financiera. Puede que sepas dónde están las facturas pendientes por pagar, pero posiblemente ni siquiera sabes cuáles son tus compromisos fijos mensuales, ni te gusta organizarte con un presupuesto básico en el que tu nombre figure en el primer lugar de la lista de pagos regulares. Es decir que ni siquiera tienes el compromiso de pagarte a TI antes que a los demás.

Otro ejemplo: ¿Nunca tienes efectivo? Porque no puedes hacer que el dinero se quede allí por mucho tiempo. No importa cuántas veces vayas al cajero automático, siempre encontrarás la billetera vacía cuando la abras. Esta clase de persona siempre está ganando dinero, pero nunca consigue saber a dónde se le va y termina frustrada al no poder detener sus gastos. Si caes en este grupo, la clave para cambiar es comenzar a prestar atención a todo aquello que haces. Aprende a reconocer tus hábitos de gasto y elabora un presupuesto. Da el primer paso y de seguro te darás cuenta por dónde "janguea" tu dinero.

Con frecuencia, las personas tienden a sabotearse ellas mismas, porque creen que no merecen el dinero. Es algo como: "mis padres trabajaron duro toda la vida y ahora yo gano mucho más que ellos... siento que no lo merezco". Te invito a que identifiques qué está diciendo tu comportamiento acerca de tus creencias en cuanto al dinero. Este es el primer paso.

La mujer rica ordena los billetes de acuerdo a su valor, del más grande al más pequeño. La mujer rica tiene en su cartera solo lo esencial. Elimina periodicamente todo aquello que no usa (facturas viejas, recibos, etc.). Según explica Decortado en uno de los foros de la página electrónica de Univisión, la mujer rica escoge el color de su *wallet* de acuerdo a su personalidad financiera.[5]

- **Negro** – Tiene la esencia del poder y atrae el dinero. El negro se identifica con lo sofisticado, lo "caro". Fíjate, por ejemplo, en los empaques de los maquillajes costosos.
- **Rojo** – No maneja el dinero de manera realista. Siempre debe dinero y no tiene un plan para pagar sus deudas. Es un color con mucha fuerza y energía que proporciona dominio y poder, pero precisamente por eso debe manejarse con cuidado.

- **Verde** – Denota evolución, viaje y crecimiento. Se trata de una mujer que busca hacer que el dinero crezca. Es la típica emprendedora; cree que el dinero siempre debe invertirse para promover el crecimiento del negocio. Es el color de la buena suerte.
- **Azul** – Busca seguridad financiera. Es una buena empleada o administradora financiera. Sabe cumplir con los presupuestos y no hace riesgos financieros. Se mantiene en su misma posición toda la vida y jamás se arriesga.
- **Rosado** – El dinero forma parte de un cuento de hadas para ella. Tiene una energía muy sutil.
- **Amarillo** – Expresa intelecto y control. Acepta el trabajo duro y tiene una mentalidad de jugar en "las grandes ligas". Es una gastadora emocional y compra artículos de lujo para sentirse mejor.
- **Naranja** – Se inclina a la salud. Estas son las mujeres que aman la vida, pero no se comprometen a nada.
- **Chocolate** – Muestra estabilidad. Es una mujer práctica. Aunque en ciertos aspectos puede ser impulsiva, sabe controlar esos impulsos.
- **Blanco** – Pureza. La mujer que use este color en su *wallet* probablemente está buscando a alguien que se encargue de mantenerla.
- **Oro o Plata** – Atrae dinero, fama. Son representativos de las mujeres que buscan atención. Les puede ir bien si su trabajo está relacionado a las ventas.
- **Gris** – Es una mujer promedio, no aspira a tener grandes cantidades de dinero, pero puede ser una gran inversionista, ya que es muy paciente.

No corras a cambiar el color de tu billetera y mejor dedica un tiempo a analizar tu personalidad.

Según advierte Iván Rodríguez en la Revista Mprende, la mujer rica tiene una relación particular con el dinero que se determina en la manera en que toma sus decisiones de gasto, ahorro e inversión.[6] Descubre si eres:

1. Impulsiva - incapaz de ahorrar.
2. Demasiado buena - despreocupada por el manejo de sus recursos y puede ser presa fácil de los depredadores financieros.
3. Sabeloto - prefiere ahorrar que invertir. Exagera tanto en el análisis que cuando por fin toma una decisión, ya las oportunidades se han ido. El exceso de análisis es igual a la parálisis.
4. Miedosa - no lleva su dinero al banco, sino que lo acumulan en alcancías, debajo del colchón y en un sinnúmero de lugares similares. Tiene el dinero en una misma cuenta por siempre, por lo que no logra acumular sumas considerables de dinero. Utilizar otros instrumentos financieros que generen mayor interés puede ayudarle a que se reproduzca su dinero más rápido que en una sola cuenta bancaria.

"A temprana edad aprendí que en la vida no hay atajos. Lograr la estabilidad financiera conlleva sacrificios y paciencia. Mantenerla, requiere trabajo árduo."

—*Rebecca Plá*
Cantante

LA MUJER RICA

SABE ADMINISTRAR SU DINERO

¿Sabes administrar tu dinero?

¿Tienes dificultades para administrar tu dinero en forma adecuada y organizada? ¿Eres una persona incapaz de ahorrar o valorar tu relación con el dinero? ¿Te cuesta ahorrar o piensas detenidamente cada gasto que vas a hacer? ¿Eres de las personas que les cuesta llegar a fin de mes? Reflexiona sobre tu relación con el dinero.

En este momento, te invito a que te medites en las siguientes preguntas: ¿Por qué nos cuesta tanto ahorrar? ¿Somos nosotras? ¿Es la inflación? ¿Quién tiene la culpa? ¿Es el gobierno? ¿Es la compañía donde trabajo?

Ahora que te has detenido a reflexionar en torno a tu relación con el dinero, toma tiempo para revisar cada una de las siguientes situaciones y fíjate si tu comportamiento financiero guarda relación con alguna de ellas.

- Nunca llegas a fin de mes con tu salario.
- Vives del crédito, pides prestado o utilizas las tarjetas de crédito sin control.
- Compras impulsivamente, no por necesidad.
- No ahorras, gastas todo lo que tienes y no dispones de una partida de dinero para invertir.

"Ni contigo ni sin ti". Esa sería la frase perfecta que definiría la relación de amores y desamores que muchas mujeres tienen con el dinero. Como ya sabes, comienza por tu mente. Identifica los problemas que te llevan a andar en ese sube y baja financiero. Trata de solucionar los conflictos "mentales" que tienes con tu billetera.

El plan de acción comienza por la cabeza, no por aumentar los billetes. La estrategia de ahorro viene después.

La mujer rica valora su dinero, pero no es tacaña ni camina con los codos... solo está convencida de lo que quiere y difícilmente se deja seducir con una oferta de un producto o servicio que no necesita.

Sus características:

- Administra correctamente su dinero.
- Cuando llega el resumen de las tarjetas de crédito, no se sorprende al ver compras que no recordaba haber hecho (en otras palabras, tiene control sobre sus gastos).
- Piensa que un dólar ahorrado es mejor que un dólar gastado.
- Analiza cada gasto con anterioridad, difícilmente compra algo que no necesita, y siempre busca el mejor precio antes de comprar.
- Es disciplinada y tiene control sobre su economía. Le da valor al dinero.

La mujer rica logra cambios positivos en sus patrones financieros. Las mujeres ricas son agentes de cambio y rompen con los mitos que obstruyen el paso de la energía del dinero a su vida. La mujer rica sabe que no será fácil cambiar su vieja mentalidad en relación al dinero. Al contrario, es consciente de que para lograrlo requerirá fortalecer en su carácter cuatro valores fundamentales:

DECISIÓN, PERSEVERANCIA, DISCIPLINA Y FE.

LA MUJER RICA
NO CREE EN LOS MITOS

Rompe los siguientes mitos que describe muy acertadamente Jesús Piña en su artículo "Los 13 mitos acerca del dinero".[7]

1. **No hay dinero** – ¡Sí, hay mucho, muchísimo dinero! Solo mira a tu alrededor... pero hay que trabajar para conseguirlo, ir hacia él y esforzarse para merecerlo. Para que recibas dinero tendrás que trabajar de forma disciplinada y consistente. El dinero es resultado del trabajo humano, de la relación que estableces con los demás. Ahora bien, no puedes esperar más dinero si sigues haciendo lo mismo.

2. **El dinero es malo** – El dinero en sí, como un medio de intercambio, no es bueno, ni malo; es totalmente neutro. Tú eres quien le pones la intención. Quien se encarga de hacerlo bueno o malo eres tú. El dinero no es el responsable de la forma en que una persona vive. Quien es verdaderamente responsable de tu vida eres tú. La única que puede hacer algo para cambiar tu realidad –es decir, luchar por cambiarla y obtener así aquello que deseas– eres tú.

3. **El dinero te da felicidad** – ¿Conoces personas que creen que el dinero lo compra todo, hasta la felicidad? Si tú también piensas de esta forma, tengo noticias para ti: el dinero es un medio, no un fin. Te puede ayudar en tu proceso de búsqueda de la felicidad, pero de ninguna manera

la puede comprar. No obstante, es muy fácil confundirse con esto, toda vez que el dinero nos permite comprar valores que nos llevan a sentir o experimentar momentos de placer o bienestar. Donde radica la confusión es en creer que el dinero, por sí solo garantizará tu estado de felicidad permanente. Incluso hay personas que intentan comprar afecto con el dinero, cuando sabemos que en lo que respecta a los sentimientos, eso es imposible. Ahora bien, lo cierto es que el dinero, por ejemplo, te permite comprar medicinas para tus hijos; por lo que si lo analizas desde un punto de vista más profundo, contar con una estabilidad financiera te ayuda a tener un bienestar y una tranquilidad que te acerca a la felicidad.

4. **No me alcanza el dinero** – Cuando afirmas que tu dinero no es suficiente para cubrir tus gastos, dejas entrever que no estás educada en el manejo del dinero. En otras palabras, lo que estas afirmando es que no sabes administrar tu dinero.
   - La mujer rica gasta menos de lo que gana y no vive con lo que le entra de salario de quincena a quincena (es decir, no gasta exactamente la misma cifra que gana).
   - La mujer rica usa solo dinero SUYO para cubrir sus gastos regulares; para ella las tarjetas de crédito representan dinero PRESTADO y a un precio muy caro. Las tarjetas de crédito pueden ser un medio útil de pago cuando viajas de vacaciones. Sin embargo, debes analizar los costos del viaje y hacer un presupuesto con anterioridad, para que puedas asumir tus pagos una vez regreses y no conviertas tus vacaciones en una pesadilla de cuentas interminables a un costo altísimo.

5. **El dinero solo trae problemas** – Para que puedas acabar con este mito te sugiero en primer lugar que busques el significado de la palabra “problema”. Según el diccionario

de la Real Academia Española, significa: "cuestión que se trata de aclarar". En realidad, no es el dinero el que trae los problemas, sino el mal uso o abuso que por ignorancia se hace de él.

6. **No merezco tener dinero** – Esta forma de pensamiento negativo por lo general proviene de una persona que carece de una autoestima saludable. Las personas que no se han sentido amadas o valoradas a través de sus vidas, pueden llegar a creer que no merecen disfrutar de los beneficios que el dinero puede proporcionarles.

7. **Cuando tenga dinero cumpliré mis sueños** – Aunque esta es la forma en que piensa la mayoría de la gente, lo cierto es que debería ser todo lo contrario. Primero debes visualizar tu sueño y la intención que deseas ver manifestada y una vez has hecho esto, empiezas a encaminarte hacia esa meta o propósito. No obstante, es importante que visualices tu sueño con la perspectiva de alcanzar el cielo, pero manteniéndote firme en la tierra mientras das los pasos certeros que te llevarán hacia la cima.

8. **El dinero te esclaviza** – La mujer rica no se esclaviza con el dinero. El dinero es un material de intercambio, por tanto es algo neutro. Lo que le da el poder de esclavizarte o liberarte es la energía que tú misma le impartes. Como en todas las relaciones que tenemos en nuestra vida, es importante que reflexiones y te preguntes si sientes que el dinero te esclaviza o te libera. La respuesta que recibas te permitirá reenfocar tu energía si lo consideras necesario.

9. **Los ricos son malos, los pobres son buenos** – Estas posturas reflejan ignorancia. No hay nada más injusto que generalizar. Sin embargo, aunque quizá no nos demos cuenta, este tipo de mentalidad tan parcializada tiene mucho que ver con una mentira que, a fuerza de

repetirla tanto, se ha convertido en una "verdad" popular. Debemos ampliar los horizontes de nuestra mente y evitar lanzar juicios precipitados que nos distraigan de lo único importante: trabajar de forma consistente para fortalecer la dignidad y la prosperidad de la mujer.

10. **El dinero tiene poder propio** – El dinero es un medio para conectar personas, su poder proviene del trabajo humano. Por ende, su valor procede del trabajo colectivo. El poder se lo das tú. Si cambias la energía que le otorgas al dinero, servirá a tus propósitos y no serás una sierva del dinero. En ese caso el poder será tuyo, no del dinero. Y si tú tienes el poder, podrás decidir a qué se lo adjudicas.

11. **Hay que trabajar mucho para conseguir el dinero** – Presta atención a este hecho: Hay personas que trabajan mucho, pero a pesar de sus esfuerzos no tienen dinero. Lo esencial es que te preguntes para quién y cómo trabajas. Un trabajo libre, creativo y que te produce placer, te generará muchos frutos. Esa sensación positiva que derivarás de tu trabajo atraerá el dinero como un poderoso imán. Por el contrario, un trabajo monótono, rutinario, que detestas, te generará escasez. Esto se debe a que responderá al mismo principio de atracción.

Es una cuestión lógica: nada negativo puede atraer algo positivo.

12. **Si lo comparto, se me acaba** – Esta idea es absolutamente falsa. La realidad es que al dar, recibes y al recibir, das. Hay una razón muy simple para que esto ocurra: el sentimiento de gratitud que experimentarás al recibir algo de los demás, te moverá instantáneamente a dar. Trata de evaluar desde qué actitud te estás proyectando con respecto al dinero en este momento de tu vida. ¿Recibes o das?

LA MUJER RICA ES DIFERENTE

Muchos de nosotros fuimos entrenados para creer que existe solo una manera de vivir la vida. Se nos enseñó que debíamos ir a la universidad para que pudiéramos obtener un buen empleo, que nos permitiera hacer feliz a nuestro jefe. De esa manera lograríamos obtener un mejor puesto y sueldo, guardar algo de dinero durante nuestros años laborales, más tarde en la vida podríamos retirarnos, recibir nuestra jubilación y finalmente morir.

Si la mayoría de la gente decide seguir este camino, esa es su decisión. El principal problema de este modo de ver la existencia es que a muchas personas solo se les enseñaba una manera de vivir su vida. La mayoría de los ricos han decidido vivir en una forma que va contra la corriente; que desafía el patrón de vida tradicional que se les enseñó a las masas.

De jóvenes, en la escuela no se nos dijo que podíamos convertirnos en empresarios, invertir nuestro dinero en acciones o en bienes raíces. Como parte del currículo de la escuela no se nos incluían clases de inversión, negocios, planes de retiro o desarrollo de ideas y productos. Como resultado de ello, tenemos muchas personas que no tienen idea de cómo empezar un negocio o las diferentes oportunidades de inversión disponibles para ellos. Afortunadamente, las escuelas están cambiando esta dinámica curricular y a través de sus ofertas educativas motivan a los jóvenes a desarrollar sus habilidades emprendedoras.

¿Qué es lo que hacen las mujeres ricas que les permite ser tan diferentes?

Las mujeres ricas hacen muchas cosas de manera diferente a la persona promedio, pero a mi juicio, la diferencia más significativa es que los ricos –mujeres y hombres por igual– optan por invertir el dinero en lugar de simplemente guardarlo. La mujer rica sabe que puede ser más productiva en el plano financiero si invierte su dinero en lugar de ponerlo en una cuenta bancaria.

La mujer promedio prefiere ahorrar $1,000 al mes en una cuenta de jubilación por treinta años y luego empezar a recibir su cheque mensual de pensión cuando se jubile a sus sesenta años. Muchas mujeres actúan de esta manera porque lo ven como una forma de evitar el riesgo que supone hacer inversiones.

Por el contrario, la mujer rica considera que invertir es un riesgo, pero lo ve como una oportunidad para ganar más dinero en comparación con las posibles pérdidas que les pudiera ocasionar. Los ricos prefieren invertir mucho más en una empresa bien administrada porque saben que su flujo de dinero aumentará sustancialmente. Se atreven a hacer esto porque se dan cuenta de que a medida que pase el tiempo, la inversión seguirá incrementando su valor.

Si realmente quieres ser rica, ¿no deberías intentar emular lo que hacen los ricos? Para que puedas entenderlo mejor, te haré una analogía muy simple: Si quieres ser la princesa más recordaba y querida por el pueblo, seguramente emularías el comportamiento de Diana de Gales (conocida en Inglaterra como "la princesa del pueblo", por su actitud solidaria con los más desfavorecidos). Por ende, si quieres conseguir riqueza no seguirás el ejemplo de las personas que están sumidas en la pobreza.

En palabras sencillas: debes considerar la opción de aprender acerca de otras alternativas de inversión fuera de tu plan de pensión y tu cuenta de ahorro bancaria. Debes entender que existen otras alternativas de inversión como los bienes raíces y la inversión de valores, entre otras herramientas financieras.

A fin de cuentas, como te he explicado desde las primeras páginas de este libro, necesitarás reconocer que si quieres cambiar tu situación financiera, tendrás que cambiar tu forma de pensar acerca del dinero.

"El dinero es mejor que la pobreza, aun cuando solo sea por razones financieras".

—Woody Allen
Actor y director de cine

“Ser exitosa económicamente se trata de saber manejar y maximizar los recursos que tienes”.

—Lunna
Cantante

LA MUJER RICA

ES FELIZ CON EL DINERO QUE GASTA

5 claves para ayudarnos a conseguir más felicidad

¿Cuál es tu enfoque?

¿Usas el dinero para comprar cosas materiales que crees que te van a hacer sentirte feliz? Las intuiciones de la gente acerca de cómo convertir el dinero en la felicidad son equivocadas. Los bienes materiales (casas, automóviles, botes, ropa, relojes, perfumes, etc.) no tienen impacto por sí solos en nuestra felicidad.

1. **Compra experiencias (familia: hijos, padres, tu verdadero amor)**

   Los bienes materiales proporcionan menos felicidad. La compra de experiencias (como viajes y comidas especiales en familia o con amigos o con la persona que realmente amas) sí nos ayudan a ser felices. Ya sea que gastes mil o doscientos mil dólares, la compra de experiencias –más que la adquisición de bienes materiales– se traducirá en felicidad inmediatamente. Además, este tipo de compras no te provocará el "remordimiento del comprador" que usualmente experimentamos cuando hemos adquirido algo superfluo.

2. **Posponer la gratificación**

   Haz un trato contigo misma: por un tiempo determinado limita el acceso a aquello que más te gusta. Cuando los bienes o las experiencias maravillosas están disponibles en todo momento, perdemos la capacidad de apreciarlas. Si partimos de esa premisa, veremos que limitar el acceso a aquello que más nos gusta, ayudará a renovar nuestra capacidad para el placer.

3. **Paga ahora, consume luego**

Las tarjetas y la amplia variedad de opciones de crédito disponibles en el mercado financiero nos han animado a adoptar la idea de gastar o comprar ahora y después pagar. Al invertir esta tendencia por la sana costumbre de pagar ahora y consumir más tarde, se puede adquirir más felicidad, aun cuando gastes menos dinero. Además, como dije antes, retrasar el consumo nos permitirá cosechar los placeres de la anticipación. ¿Por qué crees que las vacaciones ofrecen la mayor felicidad antes de que ocurran? Por otro lado, te sorprenderá saber que somos menos propensos a gastar en exceso cuando pagamos el producto o servicio por adelantado. La disminución de la deuda es un camino seguro a experimentar una mayor felicidad.

4. **Invierte dinero y recursos en otros**

Muchas investigaciones muestran que invertir dinero en los demás proporciona más felicidad que gastar dinero en ti mismo. La inversión en otros puede hacer que los individuos se sientan más sanos a nivel fisiológico, a la vez que incrementa sus riquezas materiales e incluso puede ayudar a la gente a ganar más dinero o prestigio del que ya tienen. El apoyo colectivo a una causa provoca un sentimiento de admiración no solo en los demás sino en la propia persona, y por consecuencia la gente tiende a apoyar y a consumir los productos o servicios de aquellos que apoyan alguna causa benéfica.

5. Toma conciencia de tu cuerpo

Como te he repetido en varias ocasiones, tu cuerpo y el universo constituyen un mismo campo de energía, información y conciencia. Descubre tu relación con la abundancia, busca en tu interior –y no en tu imagen pública. La felicidad comienza en el interior y nadie podrá arrebatarte esa felicidad que proviene de tu interior. Renuncia a tener la razón... cuando no insistes en tener la razón, accedes a una enorme cantidad de energía. Esto no significa que una no tenga opinión, pero puedes renunciar a tu necesidad de defenderla. Concéntrate en el presente. El momento presente es lo único eterno. Si estás vibrando en el pasado –sobre todo en los sentimientos de temor– tu mundo interior de pensamientos y emociones, así como tu mundo exterior de circunstancias y relaciones, lo reflejarán. Por el contrario, si vibras en el amor, fluirán la felicidad y la abundancia.

"Cuando barres con la escoba del éxito, es inevitable que se revuelque el polvo de la envidia".

—*Ronald Campos*
Media Personality y Motiv@cción

"La riqueza del bolsillo no es motivo para la pobreza del espíritu. Trabaja y sé exitosa económicamente sin olvidar tus valores, sin dañar a los demás y haciendo lo que amas, entendiendo que el sol sale para todos y que no debes perder los pies del piso, por más alto que llegues".

—Erika Ender
Compositora y cantante

LA MUJER RICA

TIENE HÁBITOS FINANCIEROS POSITIVOS

Debemos hacer un esfuerzo para liberarnos de los malos hábitos financieros. En primer lugar, pregúntate cómo puedes identificar tus malos hábitos financieros? Los malos hábitos financieros nos llevan a gastar más de la cuenta, a contraer demasiadas deudas, a tener una casa llena de cosas que no necesitamos, a llenar nuestro escritorio de facturas que no podemos pagar y a no tener dinero guardado como reserva ni en una cuenta de ahorro.

Identifica todo aquello qué has hecho repetidamente que te haya podido llevar a tu maltrecha situación financiera actual? Por ejemplo:

- Compras impulsivas
- Mal uso de las tarjetas de crédito o de otros tipos de deuda (préstamos estudiantiles, préstamos personales, etc.)
- No pagar las facturas a tiempo
- Comprar artículos innecesarios
- Gastar más de la cuenta
- Ahorrar muy poco dinero (o ninguno)

Como decía Aristóteles, el gran filósofo, lógico y científico de la Antigua Grecia: "Somos lo que hacemos una y otra vez... La excelencia, por tanto, no es un acto, sino un hábito". Si esto es verdad, tiene sentido que nuestros problemas financieros, si es que los tenemos, provengan sustancialmente de nuestros hábitos.

Algunos de los malos hábitos financieros... ENEMIGOS DEL DINERO... que puedo mencionar son los siguientes:

1. Ser desorganizada – dinero mal gastado por no pagar a tiempo, por intereses pagados por morosidad, afiliaciones a grupos en los que ya no estás interesada, suscripciones a revistas que ya no lees, y garantías que nunca se usan.
2. Todos los meses te hace falta dinero – La solución más sencilla para evitar esto: Debes hacer un presupuesto mes a mes para que puedas controlar los gastos y ajustarlos a tus ingresos, dependiendo de tus prioridades y objetivos familiares.
3. Administración y futuro – ¿Por qué pensar solo en el corto plazo? Ten en cuenta que para lograr la mayoría de tus objetivos familiares necesitas de una buena distribución de los recursos monetarios disponibles. Elabora una lista de objetivos organizados por prioridad y por el tiempo con el que cuentas para realizarlos; así podrás establecer un fondo de ahorro que te permitirá cumplirlos uno a uno.
4. No contraigas deudas por adelantado – Si usas las tarjetas de crédito siempre vas a pagar un mayor valor por los intereses. No sacrifiques tus recursos futuros por alguna compra en el presente.

La mujer rica no abusa de sus tarjetas de crédito.

5. Compras diarias por impulso – Muchas veces compras artículos que no necesitas. Si te sorprendes a ti misma diciéndote alguna de las siguientes frases: "Me lo merezco", "Es un gustito", "Hace mucho que no lo hacía", es muy probable que estés justificando alguna compra innecesaria. Recuerda que debes cubrir primero tus gastos prioritarios antes de incurrir en este tipo de compras que

aunque no son importantes, en el momento del impulso siempre te parecerá que son urgentes.

6. Objetivos alcanzables y acordes con tu presupuesto – Tienes referentes o aspiraciones muy altas. Ten presente que para alcanzar esos sueños debes lograr primero tu estabilidad financiera. Toma conciencia de que entre más altos sean tus sueños, mayor esfuerzo tendrás que hacer hoy, en términos de deseos y ahorro, para que puedas alcanzarlos.

7. No permitas que pequeñas cantidades de gastos hundan tu economía familiar – Ejemplos: cargos por sobregiros, cifras que pueden secar tu cuenta bancaria y dañar tu reputación financiera ante los prestamistas y potenciales inversores.

Ahora bien, no puedes simplemente eliminar los malos hábitos financieros –tienes que encontrar hábitos mejores para reemplazarlos. Debes tener un hábito positivo para reemplazar al negativo cuando ocurra. Define cómo puedes reemplazar malos hábitos financieros por buenos hábitos.

Establece un plan que te permita organizarte para vencer esos obstáculos financieros que has venido arrastrando a lo largo de tu vida. Por ejemplo:

- Hacer ejercicio, ordenar las cosas en tu hogar o jugar con los niños, en lugar de irte a las tiendas a comprar.
- Ahorrar hasta que tengas dinero para hacer esa compra especial que deseas, en lugar de utilizar la tarjeta de crédito para obtenerla de inmediato.
- Usar la regla de los treinta días para todas las compras no esenciales (no puedes comprar nada que no esté en tu lista durante por lo menos treinta días).
- Pagar tus facturas inmediatamente.
- Dedicar veinte minutos a la semana a la tarea de actualizar tu estado de cuenta bancario o tu presupuesto.

Como sugiere Eva Nicieza en su artículo "Cómo reemplazar malos hábitos financieros por buenos hábitos", debemos hacer el reto de treinta días.[8] Comprométete contigo misma a ser tan constante como puedas durante un mes para crear buenos hábitos.

1. Escoge un solo hábito para comenzar a cambiar tus patrones económicos. Céntrate en reemplazar solo uno de tus hábitos financieros cada vez durante este reto de los treinta días.
2. Empieza por lo más pequeño. No trates de convertirte en una nueva persona de la noche a la mañana. Por ejemplo, juega con tus hijos o hijas, en lugar de salir de compras.
3. Comprométete públicamente. Intenta que la mayor cantidad de gente posible sepa lo que intentas hacer. Compártelo con amigos y familia, publícalo en tu blog, en Twitter o en Facebook, etc. Si no auspicias las plataformas sociales, entonces, compártelo con personas que sean de tu entera confianza. Esto te motivará.

Nada es tan difícil si se divide en pequeñas tareas. Buscar la falta o el porqué de la situación actual puede ayudarte un poco para comprender dónde estás, pero lo auténticamente importante y lo que más te ayudará es buscar la manera de cambiar la situación.

LA MUJER RICA AHORRA DINERO

¿Cómo podemos fijar en nuestro subconsciente el ahorro espontáneo? En pocas palabras: olvidándonos del dinero que ahorramos. La mujer rica piensa que eso es algo similar a la reacción que tenemos cuando llega el invierno, sacamos el abrigo del armario y descubrimos con alegría que en el bolsillo hay una moneda que dejamos olvidada el año anterior. La clave para que esa moneda esté ahí es que en su momento nos olvidamos de ella.

Ahorra más. ¿Y cómo hago crecer mis ahorros? Lo primero que tienes que considerar es la diferencia que existe entre las "NECESIDADES" versus los "DESEOS". Cada vez que vayas a comprar algo, pregúntate: "¿Estoy comprando productos o servicios que realmente necesito?".

Ahorra automáticamente

Cuando recibas el cheque de tu salario, transfiere de forma automática una cantidad mensual a tu cuenta de ahorros. No debes ver que ese dinero entre a tu cuenta. Por eso lo más sabio es depositarlo directamente. De esa forma, no caerás en la tentación de gastártelo. La forma más fácil de hacer esto es programar una transferencia automática de una porción de tu salario –por muy pequeña que sea– desde tu cuenta corriente a una cuenta de ahorros, un fondo de pensiones o un fondo o programa de ahorro para la universidad de tus hijos o hijas. Tu meta es hacer del ahorro un hábito indispensable, de manera que ya no puedas imaginarte tu vida sin él. Al final de cada mes tendrás la satisfacción de saber que has conseguido proteger tu futuro y el de tu familia un poco más que antes.

Una forma de ahorro es, por ejemplo, el plan 529 de ahorro educativo. Todas las mujeres tenemos el sueño de enviar a nuestros hijos o hijas a la universidad. No obstante, para la mayoría de las familias, ahorrar lo suficiente para gastos de educación universitaria resulta agobiante. Pero si tenemos el hábito de ahorrar, y lo planificamos bien, costear los estudios universitarios de nuestros hijos o hijas puede ser más fácil de lo que parece. El plan 529 es un sistema para ahorrar en los estudios universitarios. Este plan de ahorro educativo sirve para que las familias ahorren dinero y le abran las puertas al éxito económico a sus hijos o hijas con una buena educación universitaria.

Los planes 529 que ofrecen los estados son de varios tipos:

- Planes de ahorro educativo: donde el dinero puede ser utilizado para "gastos de educación permitidos" como matrícula, costos académicos, alojamiento, libros y material didáctico. Las ganancias y retiros están exentos de impuestos federales –algunos estados eximen incluso de los impuestos estatales o permiten a los padres deducir una parte de las contribuciones.
- Educación prepagada: permite que las familias compren a los precios de hoy toda o parte de la educación de sus hijos o hijas en una universidad pública del Estado en el que residen. O sea que si el costo por cada crédito universitario es cien dólares en el 2014; en quince años el costo del crédito universitario para sus hijos o hijas se mantendrá al mismo precio actual.

En ninguno de estos planes existen límites de ingresos ni de edad para participar. Solicita información o habla con un asesor financiero y asegúrate de conocer todo sobre este plan. Las ganancias de un plan 529 están exentas de pagar impuestos federales, al igual que los retiros, siempre y cuando se destinen para pagar gastos universitarios. Cada plan 529 tiene sus propias reglas y restricciones, que están sujetas a modificaciones. Asegúrate de pedirle los detalles más recientes a los administradores del plan. Además, para mayor información sobre los beneficios y consecuencias de impuestos de los planes 529, consulta IRS Publication 970.

En los próximos capítulos podrás encontrar otras formas de ahorro, pero por el momento decide qué es lo que de verdad quieres o necesitas para lograr un hábito inmediato de ahorro. Todo es cuestión de planificación. Sin duda, el paso más importante para ahorrar dinero es la planificación. Comienza desde este momento... ¡NO lo dejes para lo último! Anota tus gastos y observa tus comportamientos de compra durante todo el mes. La planificación puede darte mejores resultados: tu meta principal debe ser tener menos gastos, y por ende aumentar tus ahorros. Es sencillo... solo debes crear una estructura los primeros meses y verás cómo sea hace automático en un futuro.

"Mi abuela –María Emilia Soegaard Matta– me crió repitiéndome la cantaleta: 'Un dólar que botes hoy será un dólar que necesitarás mañana'. Cuando uno logra estabilizarse financieramente es cuando entiende el significado de este concepto tan básico de economía: ¡HAY QUE ECONOMIZAR!".

—Carlos Matta
Diseñador Internacional de Interiores

"Yo creo que cada persona tiene la misma oportunidad, independientemente de sus antecedentes o experiencias de vida".

—Sonia Sotomayor
Jueza Federal

LA MUJER RICA

SE PAGA A SÍ MISMA ANTES QUE A LOS DEMÁS

¡Págate a ti misma primero!

Analiza qué cantidad de tu ingreso puedes separar para tus ahorros. Págate a ti misma el diez por ciento de tu salario (lo ideal es que te pagues cuanto más puedas aportar a tus ahorros), antes de pagar tus demás compromisos (entiéndase hipoteca, automóvil, servicios de electricidad, agua, Internet, etc.). Lo importante no es empezar con un diez por ciento o un veinte por ciento. Lo importante es empezar a pagarte a ti misma primero desde ya.

Sin duda, tener unas finanzas personales sanas es la base para que podamos lograr, a lo largo de nuestras vidas, todas y cada una de nuestras metas económicas, educativas, profesionales, así como familiares y espirituales.

Sin embargo, muchas mujeres –probablemente siguiendo patrones socioculturales erróneos– anteponen a sus hijos y a su esposo primero a que a ellas. Es cierto que para que una familia esté bien, primero debe haber una óptima relación de pareja. Si eres casada, antes de ser madre, es importante que seas pareja o esposa. Es cierto que no debes descuidar ni pasar a un segundo plano esa relación con tu pareja. Sin embargo, para que tu relación de pareja esté bien, necesitas comenzar a trabajar contigo primero. Si tienes algún tipo de trauma no resuelto, como un abandono emocional, maltrato físico o abuso sexual… estarás más propensa a reflejar esos traumas en tu relación, y eso –aunque parezca extraño– afectará adversamente el manejo de tus finanzas.

Esto es así porque las finanzas funcionan de la misma forma que las relaciones interpersonales. Si te pagas a ti mismo primero, podrás disfrutar de una relación positiva con el dinero. No dejes que pasen los días quedando a la espera de que suceda el milagro de que tus finanzas se mejoren, ni mucho menos que tu esposo las mejore. En la balanza de mi bienestar YO soy más importante que todo lo que me rodea. Como dijo alguna vez el escritor Henry David Thoreau: "Lo que un hombre piensa de sí mismo, es lo que determina, o más bien indica, su destino." De igual forma, comienza a trabajar en tus finanzas primero para que puedas lograr todas y cada una de tus metas económicas.

LA MUJER RICA

POSEE UNA FINANZAS PERSONALES SANAS[9]

- ¿Qué sería una economía ideal?
- ¿Es posible lograr nuestros sueños económicos?
- ¿Cómo ahorro para invertir en mis sueños?

La mujer rica no forma parte de las estadísticas de las crisis económicas actuales que vemos a diario en las noticias. Para mantenerse al margen de los altibajos de la economía mundial, la mujer rica toma el control de sus finanzas.

Tener unas finanzas personales sanas implica que, en conjunto, el pago de todas nuestras deudas o créditos sea por debajo del cuarenta por ciento de nuestro ingreso neto mensual. Un estatus financiero así le permite a la mujer rica comenzar a iniciar un plan de ahorro con disciplina y constancia, para incrementar su patrimonio.

Las mujeres ricas que tienen finanzas sanas distribuyen el total de su ingreso de la siguiente manera:

- 25 por ciento va dirigido al pago de deudas
- 40 por ciento se destina al ahorro
- 35 por ciento está comprometido a consentirse

Todas deseamos disponer de más dinero, pero si no empezamos por lo más elemental, es posible que nunca consolidemos un patrimonio. Muchos hablan de cumplir sus metas y expectativas en la vida. Pero en lo que respecta al manejo de las finanzas hay dos tipos de personas:

- Quienes tienen la disciplina de seguir un presupuesto y ajustarse a él y saben dónde invertir sus ahorros.
- Quienes solo hablan de sus sueños. Hay personas que se la pasan haciendo planes y hablando de sueños y que, sin embargo, con el paso de los años, no concretan nada.

Anteriormente te había mencionado que tenemos que romper mitos:

- Solo los ricos pueden ahorrar dinero.
- Se necesita disponer de millones de dólares para poder invertir.
- Tener dinero en una cuenta bancaria es la mejor opción para ahorrar. (Más adelante te explicaré por qué esta no es una buena opción.)
- Comprar a crédito es la única forma de adquirir nuestros bienes, sobre todo la casa o el automóvil.

LA MUJER RICA:

1. **Ahorra una cantidad fija al mes** – Aunque sea una cantidad mínima, establece la rutina de ahorrar de forma consistente todos los meses.
2. **Gasta menos, controla las compras diarias que hace por impulso, no gasta nada más por gastar** – Si tienes la costumbre de pasar por las tiendas y comprar algo que no necesitas, toma una decisión radical: no entres siquiera a las tiendas (sobre todo a aquellas que te gustan mucho). Rompe con ese patrón para que tu dinero te rinda más. Como consecuencia, tus ingresos serán más abundantes y podrás destinar una cantidad mayor al ahorro. Evita a toda costa ir a tu tienda preferida. Seguramente te ha pasado que vas a comprar una sola cosa y terminas pagando una compra de cien dólares. Si te identificas con este comportamiento, no te sientas mal, pues esto le pasa a todo el mundo. No obstante, te propongo que te comprometas contigo misma

a no ir a ninguna tienda por un mes para que veas cuánto dinero te ahorras con solo dejar de ir a las tiendas.

3. **Define con claridad en lo que invierte su dinero** – Descubre en qué gastas tu dinero y dibuja un mapa de tus gastos. Lo primero que tenemos que hacer es repasar nuestra situación. Escribe en una tabla tu ingreso y tus gastos mensuales. Puedes dejarte llevar por la tabla modelo de presupuesto que presento en la página 136. Luego de anotar todos tus ingresos y gastos en la tabla, evalúa tu realidad financiera. ¿Cuánto te sobra? Si el resultado es negativo, debes optar por una de dos alternativas: o aumentas tus fuentes de ingresos o disminuyes gastos. Date cuenta de hacia dónde se va tu dinero.

> *La mujer que no sabe lo que gasta,*
> *no tiene idea de cuánto puede ahorrar.*

4. **Elimina los gastos innecesarios** – Esto requerirá voluntad, disciplina y autocontrol. También requerirá creatividad y un plan concreto de acción que te permita mantener tu intención de no gastar dinero de forma innecesaria.
5. **Compra con sabiduría** – Al momento de comprar algo, compara precios y elige el mejor postor. Si después de hacer un análisis inteligente de tu compra crees que merece la pena adquirir el producto o servicio, espera al menos tres días antes de comprarlo.
6. **No se deja llevar por las emociones al momento de hacer una compra** – Acostúmbrate a no comprar por impulso.

> *Si compras barato algo que no necesitas, ten presente*
> *que estarás comprando caro.*

7. **Analiza sus necesidades** – Reduce los gastos o servicios que recibes en el hogar.
8. **Compra la ropa fuera de temporada** – Este es un buen modo de ahorrar dinero mientras compras ropa de calidad.

9. **Proyecta de forma anticipada sus viajes de placer** – Compra con antelación todo lo relacionado a tus vacaciones. De esa manera podrás conseguir mejores precios.
10. **Facilita y moderniza el proceso de hacer sus compras** – Compra por Internet, te resultará más fácil comparar precios. Normalmente podrás comprar más barato debido a que no se tiene que cargar al cliente gastos de tienda física o sucursal. De paso, también te ahorras la gasolina y el tiempo de tener que movilizarte hasta las tiendas. Tu mayor activo es tu tiempo, y a mí se me ocurren mil formas mejores de gastarlo... como trabajar y pasar unas horas extras creando algún nuevo proyecto que me apasione.
11. **Piensa en su futuro** – Para tener éxito en tu plan de ahorro piensa a mediano y a largo plazo: mínimo doce meses. Recuerda que más importante que el monto que logres acumular, lo que importa verdaderamente es la constancia con que ahorres.
12. **Paga todas sus deudas** – Disminuye las tarjetas de crédito, su mal uso nos lleva a endeudarnos de más. Si tienes muchas tarjetas de crédito:
    a. Deja de utilizarlas inmediatamente.
    b. Debes afrontar el problema de forma inmediata para que la deuda no siga incrementándose.
    c. Visita la institución financiera y acuerda plazos de pago. Puedes negociar la tasa de interés de la deuda, el pago mensual o el término de la deuda con tus acreedores.
    d. Cumple con tu plan de pagos.
13. **Define un objetivo** - Ahorra con un fin determinado, preferiblemente con metas a corto plazo (entre tres y seis meses), así los beneficios alcanzados reforzarán el hábito del ahorro.

LA MUJER RICA

COMPRA CON SABIDURÍA

Ir de compras es muy divertido. A la mayoría de las mujeres nos encanta salir a hacer compras, pero hoy en día debemos comprar de forma sabia. Debemos intentar ir de compras de manera que no perdamos demasiado tiempo ni dinero. ¡No compres solo por el placer de hacerlo! Debes planificar el tiempo que emplearás en hacer tus compras y anotar los artículos que te gustaría comprar.

Ropa

Las tiendas suelen añadir nueva mercancía los miércoles, jueves, y viernes. Así que si la mujer rica compra los jueves podrá ver las nuevas tendencias y lo que está "*fashion*". Además, esos días la mujer rica tendrá acceso a las nuevas ofertas de la ropa que estén liquidando. Si, por el contrario, la mujer rica desea comprar por Internet, entonces ella deberá buscar todos los ahorros posibles.

Para lograrlo, te sugiero seguir estos consejos:

- **Lunes:** por ciento de descuento en pantalones de hombre y mujer, gafas y lentes.
- **Martes:** por ciento de descuento en artículos para hombre. Martes de cine, descuentos en boletos para estudiantes, etc.
- **Miércoles:** por ciento de descuento en zapatos y ropa para hombre. Además, el miércoles es bien conocido por ser

el "Día de Damas" en el cine y por los descuentos en los restaurantes a ciertos horarios indicados, mayormente temprano en la tarde.

- **Jueves:** por ciento de descuento en carteras. También pueden llamarse los "Jueves de Bares", con por cientos de descuento en bebidas alcohólicas a partir de las seis de la tarde.
- **Viernes:** por ciento de descuento en joyas, cinturones, y bufandas.
- **Sábado:** por ciento de descuento en lencería y chaquetas.
- **Domingo:** por ciento de descuento en trajes de baño.

¡Sé consciente de lo que gastas! Las tarjetas de crédito crean ofertas ciertos días de la semana, envían promociones de descuentos por correo para incrementar las ventas en días u horarios especiales. ¡No visites una tienda solo por esas ofertas! Aunque ese tipo de descuentos especiales sirven para incentivar el pago con tarjetas de crédito o para aumentar las ventas gracias a las ofertas que otorgan, puede ser que termines pagando más de lo planificado y eso afectará tu bolsillo.

Además, la mujer rica sabe que octubre es el mejor mes para comprar *jeans.* Las ventas navideñas inician en esa temporada, y es un buen momento para comprar estas piezas a precios bien bajos. Septiembre es el mejor mes para conseguir los mejores trajes de baño al mejor precio. Recuerda que para estas fechas ya el verano terminó y las tiendas comienzan a deshacerse de sus mercancías de playa. La mujer rica compra abrigos con los mejores descuentos en enero y febrero. Después de las Navidades siempre hay un premio de consuelo, un momento para aprovechar lo mejor de lo mejor, o sea productos con descuentos bien significativos. Estas ofertas suelen comenzar después del Día de Reyes y casi siempre se extienden mientras dure la mercancía. Si empiezas a hacer la lista de productos que necesitas y que de seguro Papá Noel no te traerá, entonces aprovecharás las rebajas de principios de año.

Gasolina

La gasolina puede variar por región. Por ejemplo, en los campos y en las zonas rurales puede ser más económica. Sin embargo, la mayoría de los estados tienden a tener la gasolina más barata los fines de semana. Esto se debe a que durante el fin de semana, los mercados financieros están cerrados, por lo que hay pocas fluctuaciones en los precios del petróleo. Además, la mujer rica echa gasolina los fines de semana durante las horas de la mañana porque la temperatura es más baja y puede conseguir más gasolina por el mismo precio. La razón es sencilla: en las mañanas las temperaturas son más bajas y la gasolina se vuelve más densa, lo que permite adquirir más gasolina por el mismo precio y rendirá más el valor de tu dinero. La mujer rica mantiene las gomas de su automóvil bien alineadas porque eso reduce el consumo de gasolina.

Boletos de Avión (Pasajes)

La mujer rica compra sus boletos de avión (pasajes) con tres meses de anticipación para sus viajes dentro de los Estados Unidos. Hace sus gestiones de compra los martes a las 3:00 de la tarde. (hora del Este). Esto es recomendable porque en vista de que los martes son días de poca demanda, las líneas aéreas hacen promociones y descuentos para atraer más clientes. Procura viajar entre martes, miércoles y sábados. No mucha gente viaja en estos días, por lo que debes aprovechar los descuentos que hacen las líneas aéreas para llenar sus vuelos durante los días menos concurridos. La mujer rica sabe que el mejor momento para viajar es típicamente el primer vuelo de la mañana, o en lo que se conoce como "*red eye flights*"; que son los vuelos que salen tarde en la noche y llegan temprano en la mañana. Estos vuelos son difíciles de vender, pues las personas prefieren viajar en horarios más flexibles. La mujer rica nunca viajaría los viernes ni los domingos porque son los días más caros para viajar. Como las personas prefieren viajar durante los fines de semana, en vista de que la demanda de pasajes es mayor, las líneas aéreas generalmente no lanzan ofertas. Igual pasa con los pasajes en temporada. Por ejemplo, en Navidades los pasajes son más costosos que un pasaje en cualquier mes en particular.

Supermercado

La mujer rica va de compras al supermercado los miércoles de 1:00 a 4:00 de la tarde, cuando las tiendas comienzan sus programas de descuentos y cupones semanales. A veces no sabemos cómo sacarle partido a las ofertas y terminanos gastando más de la cuenta.

La mujer rica sabe cuáles son los errores más comunes que se cometen al comprar en un supermercado:

- **Cuando "te casas" con una sola marca** – Sé flexible, experimenta y aprovecha los descuentos que ofrecen los supermercados con sus marcas genéricas.
- **Cuando no usas cupones o descuentos que el comercio te ofrece** – Debes aprovechar los cupones de los productos que utilizas. Ten precaución al hacerlo. Si comienzas a comprar todo lo que encuentras en oferta, al final gastarás más y comprarás artículos que no te hacían falta. Evita a toda costa comprar solo porque los artículos están en oferta. Resiste las grandes ofertas de productos que no usas. Por el contrario, aprovecha aquellas ofertas de los productos que sí usas. Fíjate en esta escena típica: llegas al supermercado y te das cuenta de que hay una oferta de promoción de dos productos por el precio de uno. Sin embargo, el producto en promoción no está en tu lista de compras. Entonces, si no es un artículo que te agrada o que acostumbras consumir, estarás malgastando tu dinero, porque con toda probabilidad vas a comprar un producto que no utilizarás. Aprovecha este tipo de

oferta solo para los productos que utilices con frecuencia o aquella mercancía que hace tiempo deseabas probar.

- **Cuando no haces un presupuesto de gastos** – No se puede ahorrar dinero si no sabemos cuánto gastamos. Una vez tengas una idea, entonces podrás hacer el presupuesto mensual que te permita maximizar tu dinero.
- **Cuando no llevas una lista de compras o calculadora** – Entre más detallada sea tu lista, mejor comprarás y menor será el gasto. Haz la prueba.
- **Cuando vas acompañada o con hambre al supermercado** – Intenta ir sin tus hijos, ya que si están ellos será muy fácil ceder a sus pedidos. Cuando vamos al supermercado con hambre, terminamos seleccionando alimentos con mucha azúcar o escogemos una cantidad excesiva de comida, pues el volumen de la compra responderá a los deseos de comer que tengamos en ese momento.

¿Cuáles son las estrategias de ahorro en el supermercado?

- **Olvídate del carrito si puedes** – Si no vas a comprar muchos productos y no tienes artículos pesados en tu lista, opta por la canasta de mano o la bolsa de compras. ¿Por qué? Los carros grandes te incentivan a llenarlos de artículos que no necesitas. Además, evitarás la tentación de pasear por los pasillos del supermercado.
- **Busca productos más baratos en los estantes inferiores** – lo más económico lo encontrarás en los estantes inferiores. (Lo más costoso suele estar al frente, especialmente en las columnas de entrada de las góndolas y en los estantes cercanos a las cajas registradoras).
- **Reduce la cantidad de viajes al supermercado** – evita las compras impulsivas. Ya conoces la historia... Vamos por un artículo y salimos con diez.

La mujer rica convierte la tarea de comprar –y ahorrar– en algo divertido. Acostúmbrate a convertir la "CACERÍA" de ahorros en algo divertido y le sacarás más provecho que si lo ves como una tarea insorportable. Lleva nota de cuánto ahorras en cada compra semanal. Esto te estimulará a hacerlo mejor cada vez. Organízate, planifica tu menú y haz una cita con el supermercado. Marca en el calendario tus "citas de cacería de ahorros". Compara los productos, las ofertas, visita tiendas diferentes y así descrubrirás nuevas opciones.

Comprar automóviles

La mujer rica comprará un automóvil un día de semana (nunca en fin de semana) al final del año o al final de cada mes. Ella sabe que los vendedores suelen recibir bonos si cumplen una cuota, ya sea la de fin de año o al final del mes. Por eso cuando se está acercando el término para cumplir dicha cuota, los vendedores quieren que esa venta cierre y estarán dispuestos a hacer negociaciones favorables al cliente, con tal de convencerlo para que compre. En la medida en que el número de personas dispuestas a comprar sea menor, más aumentará la probabilidad de que el distribuidor esté dispuesto a negociar. La mujer rica busca aquellos vehículos que van a lanzar un modelo nuevo en el próximo año. En estos casos, los "dealers" tendrán que limpiar sus lotes y hacer espacio para el nuevo modelo. Además, la mujer rica sabe que los nuevos modelos suelen lanzarse en el verano o el otoño y aprovecha las temporadas previas a estos lanzamientos para hacer sus compras inteligentes.

LA MUJER RICA

SABE DÓNDE ENCONTRAR LAS OFERTAS Y DESCUENTOS

¿A quién no le gusta una buena oferta? ¿Cuáles son los descuentos que dejamos pasar por alto?

Los lugares que más ignoramos y donde a veces se encuentran las mejores ofertas son:

I. **Cupones de ahorro y descuento de los recibos de compra** – Estos son los cupones que puedes encontrar en los periódicos, revistas, tiendas y en ocasiones te los puede entregar la cajera del establecimiento donde realizas tus compras. Muchos recibos tienen descuentos en la parte posterior. Algunos ejemplos de este tipo de descuentos los encontrarás en farmacias, supermercados, establecimientos de comida rápida, etc. Las formas más comunes en que puedes ahorrar con los descuentos de recibos de compra son las siguientes:

   a. Descuento de una cantidad de dinero específica – Por ejemplo, descuento de $1.00 (*dollar off*) por la compra de cierto producto específico.
   b. Descuento de un porcentaje del precio del producto – Por ejemplo, 10 por ciento *off* por la compra del artículo.
   c. Reembolso (o *rebate*) por correo – Se envía por correo el recibo original de compra del artículo, junto con el cupón de reembolso.
   d. Cupones solo para miembros – Necesitas tener una membresía de la tienda que ofrece el descuento o alguna tarjeta de crédito con beneficios.

2. **Las encuestas** – algunas tiendas nos piden nuestras opiniones sobre el servicio al cliente y a cambio del tiempo que dedicamos a contestarlas nos premian con algún descuento. ¿Por qué ignoramos estas encuestas?

   Has pagado y en tu recibo dice: "Si participa de la encuesta puede ser elegible para un producto o servicio de forma gratuita o con descuento". Por ejemplo, tiendas de comida rápida, megatiendas, etc.

3. **Cupones en efectivo** – Al pagar una cierta cantidad en una tienda, recibes dinero en efectivo de ese mismo comercio o de algún otro establecimiento participante en la oferta. Por ejemplo, tiendas de ropa (por cada $50 que pagas, obtienes un cupón de $10 para una compra inmediata o posterior).

4. **Boletos de eventos deportivos o conciertos** – Puedes recibir en tu correo descuentos para la compra de boletos de espectáculos y eventos deportivos suscribiéndote a boletines de ofertas. Debes registrarte en la página de Internet de un comercio participante o por correo para recibir la información. Cuidado con botar los cupones a la basura. Si te fijas bien, en la parte de atrás de los boletos puedes encontrar cupones para artículos caros que no se necesitan a menudo, como también suelen haber cupones para artículos de todos los días que pueden producir ahorros. Las tiendas tienen razones de más para apostar a los cupones de descuento pues aparte de generarles movilidad en ventas inmediatas, les sirven como estrategia de mercadeo y publicidad gratuita para atraer nuevo público a sus establecimientos. La mujer rica aprovecha estas oportunidades de AHORRO.

¿Cómo utilizar nuestro dinero en el extranjero para evitar pagar sobrecargos inesperados?

Para muchas familias, irse de vacaciones significa un gran sacrificio y por eso conviene estirar cada dólar al máximo. La mujer rica sabe cómo utilizar su dinero en el extranjero para evitar pagar sobrecargos inesperados.

1. Antes de cerrar la puerta de tu casa y salir a tu destino, ¿qué debes hacer para multiplicar tus dólares?

a. Lo primero que debes determinar es qué tipo de vacaciones quieres: ¿descanso, o aventura? Así podrás definir la duración del viaje y hacer un cálculo aproximado del costo total del paquete vacacional que elijas.
b. Verifica el promedio de precios y servicios disponibles para el destino que has elegido. Un buen ejercicio es cotizar el viaje en al menos tres agencias de venta y hacerlo también por tu cuenta a través de la Internet.
c. Si usarás la habitación del hotel solo para dormir y bañarte, la opción más sabia es que elijas un hotel económico.
d. Si piensas que vas a pasar mucho tiempo en el hotel descansando y disfrutando de las instalaciones que ofrece, la opción deberá ser más lujosa.

2. ¿Qué es más conveniente al viajar, pagar con dinero en efectivo, tarjetas de crédito o de débito?

a. Efectivo – Se recomienda llevar una cantidad de dinero en efectivo y es preferible que sea en la moneda local del país que vas a visitar. Procura que sea un monto limitado. Pagar en efectivo es una excelente manera de controlar tus gastos y no excederte en tu presupuesto.
b. Tarjetas de crédito y débito – Es la forma más conveniente de hacer pagos cuando se viaja, solo debes revisar la tasa de interés de la tarjeta que vas a utilizar. Ten presente que deberás notificar a tu institución financiera sobre tu viaje, para que no te topes con la sorpresa de que al ver que se están efectuando transacciones fuera del área donde vives, te sea cancelada

para prevenir fraudes. Los bancos tienen sistemas de seguridad muy eficientes y si ven transacciones que a su juicio puedan parecer sospechosas, cancelan la tarjeta de inmediato hasta tanto hablen directamente con el propietario de la tarjeta en cuestión. Además, debes preguntar si existen cargos por consumo en el extranjero, ya que la gran mayoría de tarjetas cobran una tarifa por el uso fuera de la jurisdicción en que ha sido emitida. En lo que respecta a las tarjetas de débito, debes tener en cuenta que aparte del cambio de moneda, existen cargos especiales al retirar dinero en los cajeros automáticos que no son de la institución financiera a la que pertenece la tarjeta.

Lo mejor al momento de viajar es hacer una combinación de cada uno de estos métodos de pago y utilizarlos sabiamente de acuerdo a la situación que se presente.

3. **¿Qué cargos conlleva extraer dinero de los cajeros automáticos en el extranjero?**
   a. La mayoría de los cajeros automáticos cobran un cargo por servicio de $2.50 (USD/dólares americanos) o más por transacción y es posible que tu banco agregue otros cargos. Dependiendo de la entidad y el país al que se viaje existe un costo por el cambio de la moneda del banco al que pertenece la tarjeta, por la moneda del país a donde la persona va a viajar. Solicita esta información en tu institución financiera antes de irte de viaje.

      Si deseas pagar con la moneda local:
      i. Verifica cómo funciona el cambio de moneda extranjera. Es posible que los bancos te cobren una comisión por compra de moneda extranjera (puede fluctuar entre un 20 y un 35 por ciento).

ii. Debes estar informada de lo siguiente:
- ¿Cuál es la moneda oficial del país?
- ¿Cuáles son tus necesidades económicas para el viaje?
- ¿Se admiten otras monedas de pago (euros, dólares) en los comercios y establecimientos? Las tasas de cambio son negociables. Llama a tu banco cuando decidas tus planes de viaje y oriéntate en cuanto a este particular.

> "Cuando limitas tu presupuesto a la hora de hacer tus compras en el supermercado, estarás escatimando en sabor y salud. Empezar un sueño a los treinta años y sin presupuesto no fue impedimento para unos años más tarde saborearme el éxito. Solo priorice mis gastos, fui fuerte y perseverante con la misión de mi empresa".
>
> *—Doreen Colondres*
> *Chef y autora de "La cocina no muerde"*

"Una mujer sabia reconoce su estilo de vida con el dinero y tiene el coraje para corregirlo cuando no es el mejor. Además, una mujer conoce el significado de la verdadera generosidad y la felicidad: la recompensa de una vida vivida en armonía y agradecimiento".

—*Suze Orman*
Analista financiera y autora de inumerables bestsellers en torno al tema de las finanzas

LA MUJER RICA
TIENE UN PLAN DE ACCIÓN

Crea tu "Plan de acción". Este consiste en crear pasos de ahora en adelante y reconocer cómo actuarás a partir de este momento para adoptar y mantener la disciplina de ahorro en tu vida.

La disciplina del ahorro constante puede ser el inicio de un nuevo plan de vida.

Esto tampoco se trata de convertirnos en obsesivas compulsivas con el ahorro, sino de adoptar pequeños gestos de cara al ahorro. Es una forma de darle prioridad a la optimización de nuestro dinero, algo que nos hará sentirnos realizadas, ya sea para llegar a fin de mes con balance positivo en nuestra chequera o para poner el dinero ahorrado a trabajar para nosotras.

Para poder ahorrar, hay que evitar la influencia negativa de los demás.

Antes de comenzar a escribir las recomendaciones para ahorrar, mi mayor recomendación es que te hagas de "oídos sordos" a las voces negativas que escucharás por todas partes y sigue adelante con tus objetivos y metas.

Te aseguro que vas a escuchar lo siguiente:

1. "¿Para qué vas a ahorrar? Eso no va a mejorar tus finanzas" – Incorrecto: Tu respuesta ante este error de juicio debe ser: "Voy a ahorrar porque deseo tener una mejor calidad de vida".

2. "No necesitas hacer presupuestos para tener éxito financiero" – Incorrecto: todas las personas deben manejar un presupuesto, pues de otra manera nunca tendrán orden en sus finanzas. Más adelante, en la página 136 te muestro cómo hacer un presupuesto.
3. "No te servirá de nada que anotes lo que gastas" – Incorrecto: El que te mencionó esto obtendría calificación "F" en el curso de Finanzas. Como te mencioné anteriormente, el que no sabe cuánto gasta, no podrá determinar cuánto podrá ahorrar.
4. "Invierte en un solo lugar" – Incorrecto: Como bien dice el refrán... "No es bueno poner todos los huevos en la misma canasta". Por ejemplo, invierte en una casa y en un negocio.
5. "Agarra todas las tarjetas de crédito que te ofrezcan" – Incorrecto: Esto dependerá de la persona. Si usa las tarjetas con conciencia y de esa manera crea un buen historial crediticio, podría hacerlo, pero siempre con mesura. Si por el contrario, se deja llevar por sus impulsos de compra, lo que al final le provocará grandes complicaciones financieras, es mejor que evite tener tarjetas de crédito.
6. "No seas tan planificadora" – Incorrecto: Siempre conviene planificar, al menos a mediano plazo y revisar constantemente las estrategias. La buena planificación puede llevarte a obtener grandes logros, como la adquisición de una vivienda, propiedades de inversión, un negocio rentable o sencillamente te permitirá lograr las metas propuestas para disminuir tus deudas, entre otras aspiraciones más sencillas.
7. "No pagues de contado, paga con la tarjeta de crédito." – Incorrecto: Antes de hacer un gasto o inversión es mejor analizar qué método de pago nos resulta más rentable y por qué. Al pagar con crédito lo que estamos

es postergando el pago de la deuda. Conviene tener muy claro que el monto del que disponemos en la tarjeta, no es dinero regalado.

8. "¿Para qué quieres tener un historial crediticio? Eso no es necesario." – Incorrecto: El uso adecuado de las tarjetas de crédito o de otros tipos de financiamiento y el pago a tiempo redundan en beneficio porque abren la posibilidad de solicitar un préstamo bancario o de cualquier otro tipo. A veces no nos preocupamos por tener un historial crediticio y cuando vamos por primera vez a una institución a pedir un préstamo, nos damos cuenta de que no existimos, financieramente hablando. Más adelante, cuando les hable del crédito entenderán lo que les estoy señalando.
9. "No lo pienses tanto para lanzarte a montar tu negocio propio, si al vecino le fue bien con su negocio a ti también te irá igual." – Incorrecto: Lo que es bueno para el vecino no es necesariamente bueno para ti. Conviene estudiar con cuidado el mercado y verificar si tu idea tiene verdaderas posibilidades de éxito antes de lanzarte al agua.
10. "Si debes dinero, pide otro préstamo para pagar." – Incorrecto: No conviene sobreendeudarse sin analizar las consecuencias de esa movida financiera, solo te sugiero que lo hagas si el interés del préstamo es menor que el que tienes ahora.

"Parte de ser un ganador es saber cuándo ya es suficiente pelear por la misma batalla. A veces hay que renunciar a la lucha, alejarse, y pasar a algo que sea más productivo".

—*Donald Trump*

LA MUJER RICA

EVITA EL ESTANCAMIENTO FINANCIERO

El estancamiento financiero se refiere a un período prolongado de cero crecimientos en las actividades productivas de un ser humano. Es lo que le ocurre a las personas que trabajan de forma ardua los mejores años de sus vidas, simplemente para ganar casi lo mismo durante cuarenta años, pero jamás logran tener un incremento de dinero que les permita disfrutar de éxito económico. Es importante recalcar que el conformismo y/o estancamiento financiero solo permiten mantener un nivel de vida promedio. Si llevas mucho tiempo (más de seis meses), sin lograr un incremento en tu productividad, no te desesperes. Para alcanzar nuevas metas financieras debes activar cambios en tus patrones económicos que te permitan incrementar tus ganancias o disminuir tus gastos. Lo ideal es que puedas lograr ambos objetivos.

Un paso extraordinario para liberarse del estancamiento financiero es eliminar sus deudas. Para lograrlo, necesitas crear un plan y reconocerlo como tu prioridad.

Entonces:

1. **Crea una estructura** – Organiza las deudas en un orden de prioridades. Haz un listado de todo lo que debes. La idea de establecer esta jerarquía de tus deudas es que comiences a pagar primero las que tienen las más altas tasas de interés.
2. **Paga tus deudas a tiempo** – Aparte de darte paz, esto te permitirá mantener un buen crédito. Ten en cuenta que

te conviene pagar más que el mínimo sugerido por la institución financiera para que puedas saldar la cuenta más rápido y ahorres intereses.

3. **Paga en su totalidad las tarjetas de crédito** – Deja todas las tarjetas en tu casa, salvo una, que deberás colocar en un lugar poco accesible de tu billetera para tus emergencias. De la misma forma que no pondrías tu dinero en cinco cuentas de banco diferentes, porque perderías mucho dinero en cargos por mantenimiento, tampoco debes hacerlo con tu deuda. No es recomendable que tengas las tarjetas en los más altos límites de tu crédito, pues te puede afectar tu puntuación crediticia. Debes ser muy responsable con tus gastos y jamás utilizar las tarjetas de crédito como una extensión de tu ingreso.

Es posible lograr un cambio profundo en tu mentalidad financiera. ¿Cuál es ese cambio? Darle la bienvenida a la abundancia y comenzar con un plan de acción que transforme positivamente tu vida financiera. Cuando la mujer rica desea alcanzar algo concreto y específico (financieramente hablando), activa toda su energía para poder alcanzar las metas financieras que se ha propuesto.

La mujer rica revisa su presupuesto cada seis meses. Sin embargo, como te mencioné antes, si estás en un proceso de estancamiento financiero, deberías comenzar a analizar tu presupuesto mensualmente. Te lo repito:

El que no sabe cuánto gasta, no tiene idea cuánto puede ahorrar.

LA MUJER RICA TIENE LIBERTAD FINANCIERA

¿Cómo podemos disfrutar de libertad financiera y riqueza personal?

Recuerda que la libertad financiera es el resultado de pequeñas acciones practicadas todos los días que harán una gran diferencia en tu VIDA.

1. **Cambia tu mentalidad en cuanto al dinero** – Todo empieza en tu mente, esa es la base de todo. Por ejemplo, lee las sección de "Negocios" de tu periódico favorito. Haz un compromiso y lee por unos quince minutos todos los días. Poco a poco encontrarás el tema interesante e irás aprendiendo. Al cabo de algún tiempo, reconocerás las falsas creencias que giran en torno al dinero, y al mismo tiempo, reconocerás tus propias falsas creencias.
2. **Cree en el éxito financiero** – Deséalo ardientemente y compromete tu energía cien por ciento con él. Esos son los factores fundamentales que hacen que las personas no abandonen sus ansias por crecer financieramente. Yo reafirmo todos los días –a todo lo que me rodea... o sea, mi familia, mi hija, mi entorno, mis compañeros de trabajo– que amo el éxito financiero.
3. **Deja las excusas y organiza tu vida** – Cambia tu rutina y establece nuevas metas financieras. Piensa en tu meta financiera e intenta hacer algo diferente. Las

oportunidades para lograr tus objetivos no tienen límites. Cambia de trabajo, busca un ingreso adicional, comparte ideas, en fin... busca tu mejor alternativa.

4. **Comprende el verdadero significado del dinero y sus distintas interpretaciones** – El desconocimiento del verdadero significado del dinero, es lo que ocasiona tantas desgracias y malos entendidos en torno a él.
5. **Establece metas y objetivos financieros a corto, mediano y largo plazo** – Se puede lograr en un periodo de cinco a diez años como máximo y ahorrarte diez, veinte o treinta años de dependencia laboral y conformismo financiero.
6. **Aspira a lograr tu libertad financiera** – Ten claro que una vez alcanzada tu meta de libertad financiera, puedes ir en busca de tu riqueza personal, objetivo o aspiración que es totalmente opcional.
7. **Procura divertirte** – Disfruta de tus *hobbies*, pasiones y entretenimientos, sola o en compañía de tu familia o amigos, ya que cuentas con un fondo destinado exclusivamente para ello. La mujeres ricas necesitamos dedicar tiempo para divertirnos, relajarnos y recargarnos de energía. Este balance es indispensable para disfrutar de una calidad de vida que nos permita mantenernos productivas, saludables y sobre todo, felices.

Estas son las bases de un estilo de vida ideal, meta que es posible alcanzar en un periodo relativamente corto de tiempo, al menos si tienes las ganas y la determinación para hacerlo.

LA MUJER RICA

EDUCA FINANCIERAMENTE A SUS HIJOS O HIJAS

¿Cómo enseñarles a los niños y las niñas a ahorrar?

Tu niña interior existe... es tu alegría, tu capacidad de desenfadarte, tus ganas de soñar, tu ilusión, la pasión con que persigues todo aquello que vale la pena, el amar por el placer de amar, el compartir por diversión sin esperar nada a cambio, aquello que realizas con todo tu ser, la expresión de tu creatividad y de tu belleza. Por eso, te sugiero que aproveches esta lectura para conectar a esa niña interior con el sentido de la abundancia.

Las escuelas se enfocan en las habilidades profesionales y académicas, pero no en las habilidades financieras. Nuestros hijos o hijas necesitan nuevas respuestas. Ya no podemos decirles simplemente: "Vayan a la escuela, obtengan buenas calificaciones y busquen un trabajo seguro". Ahorrar es una capacidad que incluso muchos adultos hemos perdido o nunca tuvimos, por lo tanto comencemos a educar financieramente a nuestros hijos o hijas sobre este tema porque si no lo hacemos, nuestros hijos o hijas pasarán los mejores años de sus vidas trabajando por dinero, sin comprender realmente por qué trabajan, y sin saber cómo hacer que el dinero trabaje para ellos.

Conviene enseñarles a nuestros hijos o hijas una buena base financiera –de una manera divertida y eficaz– desde que están en la etapa pre-escolar.

La etapa pre-escolar:

- Enséñale desde temprano a distinguir las monedas de los billetes. A esa edad todavía no entienden que el precio de una bicicleta no es igual que el de un dulce. Sin embargo, el niñito o la niñita puede ilusionarse con la idea de que su alcancía está cada vez más llena con las monedas que ahorra.
- NO utilices cheques ni tarjetas de crédito para comenzar a enseñarle un concepto básico de finanzas. Con ese ejemplo le puedes estar comunicando de forma inadvertida que el uso de tarjetas es saludable y tu hijo o hija podría comenzar a forjar su experiencia financiera amando las deudas.
- Regálale una billetera para que aprenda a organizar su dinero. Mi hija Allegra –que solo tiene cinco años– ama organizar su dinero en su cartera "pink". Para ella el dinero es un cuento de hadas.
- Léele cuentos infantiles que hablen sobre el dinero. Hay varios que hacen referencia –aunque sea de forma indirecta– al dinero. "Pinocho" y "La Cenicienta", son dos buenos ejemplos.
- Explícale de donde sale el dinero. Es importante que comprenda que no es algo mágico que surge de la nada. No sale de una "mata de plátano". Dile que el dinero proviene de un salario, de su negocio propio, de su retiro, etc. No le digas que el dinero crece en los árboles (como decían nuestras abuelas).
- Hazle comentarios críticos sobre los anuncios que ven en la televisión o en el cine. Procura hacerle preguntas como: "¿Qué me ofrecen? ¿Cómo elijo entre distintas marcas? ¿Por qué me guío al momento de comprar?".

Entre las edades de siete a doce años los niños o niñas comienzan a sumar y restar. A esa edad puedes enseñarle un consumo responsable regalándole una alcancía transparente, para que pueda ver cómo se van acumulando sus ahorros.

Asegúrate de que la alcancía sea de esas que no se pueden abrir hasta que ya están llenas, y establece con tu hijo o hija unas metas financieras concretas, que pueden ser:

- Ahorramos para adquirir un bien en el futuro. (una bicicleta, un "*iPad*", una computadora, una "*American Girl*", un juguete, un regalo especial para su abuelito, etc.)
- Enséñales que renunciar a algo hoy, les permitirá llegar a ahorrar lo suficiente para comprar algo mejor en el futuro. Si quiere romper la alcancía en una decisión impulsiva, aprovecha ese momento para educarle.
- Usa un calendario para asignarle "trabajos, días de pago y metas cumplidas".
- Explícales a tus hijos o hijas la diferencia entre el valor y el precio, entre la necesidad y el gasto. En lo que respecta a los bienes, dependiendo del placer o el bienestar emocional que generen en ti, tú puedes pensar que algo tiene un valor, pero el precio real es otro. Por ejemplo: para mi vecino puede ser que su propiedad tenga un valor altísimo. Sin embargo, el precio real es mucho menor de lo que él pensó. A lo mejor le añades valor a las cosas, pero su precio real sigue siendo el mismo. Las necesidades son aquellos productos o servicios –como los alimentos– que son imprescindibles para vivir.

De los trece años en adelante dales el control del dinero. Así entenderán el valor de lo que quieren comprar, cómo administrar el dinero que se les asigna y le darán importancia a lo gastado. En esta etapa tu hijo o hija debería comenzar a elaborar su propio "Presupuesto Mensual".

Debes explicarle que un presupuesto es un plan para ganar, gastar y ahorrar dinero.

Un presupuesto mensual es un plan para saber "cómo vamos a usar nuestro dinero" cada mes. Comienza escribiendo en un papel o en tu computadora cuánto dinero promedio recibe tu hijo o tu hija en un mes. A la misma vez, comienza a monitorear cuánto gasta en comida, diversión o en algún otro bien o artículo. Por ejemplo:

Mi Presupuesto Mensual

¿Cuánto espero ganar este mes?

☑ La cantidad de dinero que me ofrecen mis padres ("*My allowance*")	$20
☑ Ganancias por trabajo (lavar el carro, pasear al perro, ayudar a mi mamá en las labores del hogar)	$30
☑ Regalos (de los abuelos, padres, tíos)	$ 5
Total	**$55**

¿Cuánto espero gastar este mes?

☑ Comida, películas y diversión	$10
☑ Música, ropa, entre otras cosas	$15
☑ Donaciones y regalos	$10
☑ Regalos (de los abuelos, padres, tíos)	$ 5
Total	**$40**

¿Cuánto espero ahorrar este mes? **Total $15**

Explícale cómo funcionan las tarjetas de crédito, cuentas de ahorro, etc.

- Tarjetas de débito – Debes aclararle que luce como una tarjeta de crédito, pero es diferente. Dile que es como una cartera tipo *wallet* que te mantiene todo tu dinero organizado. Con esa tarjeta puedes sacar tu dinero del banco en el momento en que lo desees, sin tener que ir físicamente al banco. Puedes sacar dinero en efectivo de una máquina

ATM (Automatic Teller Machine, por sus siglas en inglés). Tu tarjeta tiene un número secreto al que se le llama PIN (Personal Identification Number, por sus siglas en inglés).

- **Cuentas de ahorro** – Haz dinero con tu dinero.

1. Cuentas con intereses – El banco te paga un interés por el privilegio de tener tu dinero en su "cartera". En una cuenta de ahorro simple, el interés no es el más alto; sin embargo, es mejor recibir algo que no recibir nada.
2. Certificados de Depósito – Es similar a una cuenta de ahorro, pero no puedes hacer uso de tu dinero por un periodo de tiempo que tú acuerdas previamente con el banco. Por consiguiente, tu cuenta recibirá mayores intereses y al final tendrás más dinero.
3. Acciones – Cuando compras una acción, estás comprando un "pedacito" de una compañía. El valor de esa acción puede subir y ganar dinero o puede bajar de un día para otro y perder tu inversión. Es como una montaña rusa. En cualquier momento puede subir o bajar. Sin embargo, según pasa el tiempo, si la compañía crece puedes hacer mucho dinero.
4. Fondos mutuos – Un fondo mutuo es como una canasta de diferentes acciones. Compra una acción de un fondo mutuo y estarás comprando una porción de diferentes compañías.

- **Premia su ahorro** – Las primeras veces que tu hijo o hija se plantee ahorrar para comprarse algo, es fundamental que la experiencia sea positiva y que vea recompensado su esfuerzo. Se trata de que fomentes en tus hijos el hábito del ahorro. El primer objetivo debe ser fácilmente alcanzable, o sea, en dos o tres semanas como máximo. Luego, a medida que tu hijo o hija crezca, podrá fijarse plazos más largos de ahorro para adquirir objetos más costosos. Cuando logre su meta, premia su ahorro. Haz una aportación a su objetivo o llévale a comer la comida que le gusta. Así se fomenta positivamente el hábito del ahorro.

- **Llévalos al banco para que abran su propia cuenta** – Casi todos los bancos suelen tener una cuenta especial para los niños. Se trata de la educación de los hijos, igual que se les enseña a montar bicicleta, nadar, comer con cubiertos, cocinar... es importante que nuestros hijos o hijas aprendan a manejar el dinero. Haz de ese día uno especial, que tu hijo o hija recuerde por siempre. Anoten juntos la fecha en que lo hicieron, celebren juntos ese momento.
- **Enséñale desde el principio que su nivel de activos (ahorros) debe ser siempre más grande que el nivel de pasivos (deudas).**
- **Habla positivamente del dinero** – Deja la costumbre de rechazar el dinero o hablar negativamente de él. Trata de evitar un tono de confrontación.
- **Invítales a pensar formas de generar dinero** – En vez de afirmar: "NO puedo comprarlo", la mujer rica le pregunta a sus hijos: "¿Cómo crees que podrías comprarlo?". De esa forma, el cerebro de tu hijo o hija comenzará a pensar en las diversas maneras en que podría comprar el artículo que desea y su mente no se bloqueará con un "NO".
- **Enséñale a valorar y cuidar sus pertenencias** – Si destruye los juguetes comprados, establece unas consecuencias, de manera que comprenda la importancia de lo que posee.
- **Dales un buen ejemplo** – Siempre, siempre, siempre, enséñales con tu ejemplo. La admiración de los hijos e hijas hacia los padres es muy grande. Los niños son muy observadores, por lo que se enteran de todo lo que hacemos y copian nuestras conductas, para bien o para mal.
- **Involucra a tus hijos o hijas en la administración de la economía del hogar** – Considera que el hogar es como una empresa que hay que saber administrar. Algunos ejemplos para tus hijos o hijas pueden ser: colocar la ropa sucia en su lugar, tender la cama, poner la mesa y recoger los platos al terminar de comer, sacar la basura, colgar las toallas mojadas en el tendedero para que se sequen,

etc. Recuerda que no siempre tenemos quién nos ayude, y es mejor irles enseñando a los hijos e hijas que todos los trabajos se deben hacer en equipo.

- **Establece una estructura familiar en torno al dinero** – Es importante que tanto los padres como los tíos y abuelos se pongan de acuerdo en cuánto dinero deben darle al niño o la niña. Una sola dirección logrará la estructura final. OJO: ABUELOS... reconozco que ustedes llegaron a la vida de sus nietos para complacerlos, pero cuando se trata de desarrollar en los niños y las niñas la inteligencia financiera, todos debemos ofrecerles una sola dirección. Ese es el mejor regalo que un abuelo o una abuela le pueden ofrecer a sus nietos o nietas.

La mujer rica utiliza estas opciones para poder enseñarles a sus hijos o hijas a manejar el tema del dinero. Lo importante es que sus hijos o hijas:

1. Presten atención al tema del dinero.
2. Entiendan que el ahorro es primero.
3. Tengan la intención de trabajar en algún oficio que les guste.
4. Hagan su presupuesto.
5. No gasten más de lo que ganan.
6. Sepan la diferencia entre las necesidades y los deseos.
7. Crezcan con BUENOS hábitos financieros.
8. Aprendan a invertir su dinero.

"Nunca es muy tarde, ni muy temprano para educar a nuestros hijos sobre el valor del dinero, el sacrificio para obtenerlo y la responsabilidad de administrarlo".

—Jessica Serrano
Presentadora del programa "Lo Sé Todo" – WAPA-TV

FOMENTA HABILIDADES EMPRENDEDORAS EN SUS HIJOS O HIJAS

Todos los padres deseamos que nuestros hijos o hijas tengan éxito. Para eso no solamente necesitarán los conocimientos adquiridos por una buena educación académica, sino también deberán desarrollar las habilidades necesarias para enfrentar los desafíos de la vida exitosamente. Entre esas habilidades esenciales para el éxito están las de crear, innovar e implementar sus ideas. En otras palabras, es importante que fomentemos las habilidades emprendedoras en nuestros hijos o hijas.

¿Qué podemos hacer los padres para fomentar las habilidades emprendedoras en nuestros hijos o hijas?

1. **Invítalos a leer biografías inspiradoras de hombres y mujeres de éxito** – Mejor aun, organiza un tiempo de lectura en familia, lee esos libros junto con tus hijos o hijas y discútanlos entre todos. Te vas a sorprender de la riqueza de valores y principios de vida que van a adquirir tus hijos o hijas con tan solo leer cada día un par de páginas de una biografía inspiradora.
2. **Otórgales suficiente tiempo libre para que persigan sus propios intereses** – Sé que es difícil con la intensa rutina de vida que llevamos en la actualidad, **pero por favor, ¡INTÉNTALO!**
3. **Fomenta que tus hijos o hijas desarrollen su creatividad al máximo** – Motívalos a que creen ideas nuevas en

proyectos propios para que logren la capacidad de analizar y de solucionar problemas.

4. **Siempre comunícales que estás dispuesta a financiar sus proyectos** – Si tu hijo o hija tiene un proyecto interesante que desea crear, muéstrale tu apoyo comprando los materiales para desarrollar ese proyecto. Creen juntos un propósito (que puede ser, por ejemplo, vender bizcochos) y analicen lo que fue el costo de los materiales, y de la mano de obra, así como las ganancias producto de las ventas de los bizcochos.
5. **No es suficiente pagar por una educación académica** – Si tu hijo o tu hija tiene un interés específico –como la pintura, la cocina, la música, entre otras disciplinas– trata de apoyarle. En vez de comprarle juguetes caros, regálale clases de fotografía, de piano, artes manuales, cursos de manejo del Internet, etc.
6. **Búscale buenos mentores** – Una parte integral de toda educación de líderes es tener al menos un buen mentor. Cuando tus hijos son pequeños, tú como madre deberás ser la mentora principal de tus hijos. Sin embargo, a medida que van creciendo, es necesario que busquen buenos mentores para que puedan desarrollar sus talentos y habilidades específicas de forma óptima. Un tío que sea dueño de un negocio propio o una tía que se dedique a hacer manicuras y pedicuras a domicilio puede servirles de mentor o mentora.
7. **Cómprales materiales para que hagan sus propios juguetes** – Trata de que tus hijos o hijas siempre tengan a su alcance suficientes materiales para dibujar, pintar, construir, coser, cocinar, plantar, etc. Compra revistas de artes manuales, costura o jardinería para que se inspiren y produzcan sus propias creaciones. Es la mejor manera de fomentar su creatividad, una característica clave de todo emprendedor.

8. **Invítalos a jugar contigo juegos financieros** – Juegos como Monopoly® y Cashflow® les ayudan a conocer y comprender conceptos financieros importantes como: la inversión, el manejo adecuado del dinero, generación de ingresos pasivos, gastos innecesarios, etc.
9. **Lleva a tus hijos a conferencias de negocio** – Lleva a tus hijos o hijas mayores a conferencias de empresarios exitosos. Tener ese contacto personal con adultos exitosos será de gran inspiración para ellos o ellas.

Desde que somos pequeños, nos empiezan a programar para pensar de determinada manera sobre el dinero. Si en el hogar no había tanto dinero y se pensaba que siempre iba a haber problemas financieros, es normal que nos comportemos de acuerdo con lo que vivimos. Si nuestros padres nos repitieron que siempre tendríamos deudas, lo más seguro es que nunca podamos vivir sin ellas. Pero, por el contrario, si nos enseñaron a administrar el dinero de forma eficaz, lo más probable es que no tengamos problemas financieros.

El estrés generado por el dinero, puede estar causado por:

- Deudas
- Falta de ingreso económico
- Dificultad para satisfacer las necesidades básicas
- Incapacidad para cubrir las expectativas personales, familiares o del negocio
- Temor a perderlo
- El valor psicológico que le damos al dinero – Nos valoramos de acuerdo a la cantidad que tenemos o a cuánto queremos tener.

Lo importante no es cuánto dinero tienes,
sino el valor que le das a lo que tienes.

Observa el lugar que ocupa el dinero en tus prioridades. La mayoría de las personas creen que cuando disponen de mucho dinero tienen poder, se sienten valiosos, importantes, consideran que la gente los quiere o los toma en cuenta, que son exitosos, etc. Creen que con eso van a vivir felices. Por lo tanto, juran que el dinero es lo que les da bienestar y felicidad. Y si no lo tienen, piensan que es todo lo contrario. Esta es una creencia equivocada. Medita un momento... Si el dinero proporciona la felicidad, ¿por qué tanta gente rica y poderosa no es feliz? ¿Por qué nunca tienen suficiente dinero y buscan más, aunque tienen tanto que difícilmente se lo podrían acabar? Por otro lado... ¿Por qué hay gente pobre que es feliz? El dinero sí es necesario e indispensable en muchas ocasiones, puesto que es la moneda de intercambio que utilizamos para garantizar nuestra comida, techo, etc. No obstante, podemos caer en la trampa de darle al dinero un valor demasiado alto. Y muchas veces, al centrarnos en lo que no tenemos, dejamos de apreciar lo que sí tenemos. Por lo mismo, en lo que respecta al dinero, debemos llevar el mensaje correcto a nuestros hijos o hijas desde la etapa pre-escolar.

Sé la mejor maestra para tus hijos o hijas y elabora un presupuesto, donde establezcas una distinción entre lo indispensable, lo necesario, lo importante y lo prescindible (aunque sea deseable). Revisa tu escala de valores y la de tus hijos o hijas.

- ¿Las expectativas y necesidades de tus hijos están basadas en valores culturales, que solo te están haciendo sufrir?
- ¿Se califican ellos por la cantidad de dinero que tienen ustedes como familia?
- ¿Será un reflejo de la mentalidad de ustedes, sus padres, o será la voz de sus amigos lo que está alterando la percepción que tienen de sí mismos?

Es momento de cambiar el mensaje que les damos a nuestros hijos o hijas. Creer que el dinero nos da la felicidad, es un gran error. Es una creencia equivocada de la sociedad. No te sientas culpable o avergonzada por lo que no tienes. Si existe la opción de generar un ingreso extra de tu parte o de parte de algún miembro de tu familia, búscala. Identifica a todas las personas involucradas directamente en tu situación económica. Puedes incluso hacer una lista con todos sus nombres (recuerda incluir a tus hijos o hijas aunque sean pequeños, pues ellos también forman parte de tu grupo de apoyo financiero). Pídeles que te ayuden y apoyen para llevar a cabo los cambios necesarios, ya sea para aumentar los ingresos o para disminuir los gastos familiares. Habla con ellos abiertamente, pero no se ataquen, ni busquen culpables. Si la situación financiera se encuentra en un estado particularmente complicado, aprende a valorar y disfrutar otros aspectos de tu vida que están bien: tu salud o la de tus familiares, la familia que tienes, los amigos, tus capacidades físicas y mentales, etc. No permitas que tus problemas económicos te hagan sentir que eres víctima de las circunstancias. Por el contrario, busca maneras de recuperar tu poder, mediante la elaboración de un plan de recuperación financiera. Ese el mensaje principal que debes transmitirles a tus hijos o hijas: que los problemas siempre tienen solución.

A menudo escucho personas hablándoles a los hijos negativamente sobre el dinero. Cualquier sentimiento que hayas tenido en torno al dinero, es un reflejo perfecto del estado de tu economía personal. Evidentemente, si te encuentras en una mala situación económica, tu mente estará programada para decir:

- El dinero me huye, no sé cómo tener riqueza
- No puedo conseguir más dinero
- No merezco más dinero, con lo que tengo "por lo menos" vivo
- A esta edad no puedo o es difícil comenzar de nuevo

Si esas frases están todo el tiempo dando vueltas en tu mente, ese será el mensaje que les transmitas a tus hijos o hijas. Por consecuencia, ellos seguirán con esa energía y terminarán proyectando esa misma negatividad. Antes de intentar enseñarles a tus hijos o hijas cómo manejar sus finanzas, debes comenzar por hacerte la siguiente pregunta: "¿Cuál es el concepto que tengo de mí misma con relación al dinero?".

Una vida de desesperación y carencia económica no te llevará a atraer dinero.

Glosario para tus hijos

Ahorrar: No gastar todo el dinero que se tiene; sino guardar un poco de forma consistente para poder utilizarlo más adelante.

Banco: Un lugar seguro donde puedo guardar mi dinero para no perderlo.

Deuda: Dinero que una persona ha prometido pagar a otra.

Economizar: Buscar maneras de gastar menos dinero.

Gastos: Dinero que una persona tiene que pagar para comprar cosas.

Ingreso: Dinero que una persona recibe. Puede ser por medio de un regalo o a cambio de un trabajo.

Presupuesto: Un plan para ganar, gastar y ahorrar dinero.

Cajero automático: Una máquina que no es atendida por una persona y que tiene la capacidad de desembolsar dinero en efectivo de forma electrónica mediante una clave numérica.

Cuenta de ahorro: Una cuenta de depósito que se mantiene en un banco o institución de ahorro y préstamos. Esta cuenta paga intereses por el dinero depositado en ella, pero no permite retirar los fondos haciendo un cheque.

Independencia financiera: Tener suficientes bienes y activos y no tener que trabajar para mantener cierto estilo de vida.

Alcancía: recipiente utilizado para guardar las monedas y el dinero.

Billete: representa un valor de dinero.

Transmite mensajes positivos y comienza a hablarles positivamente del dinero a tus hijos o hijas desde pequeños. Puedes narrarles cuentos en los que integres conocimientos financieros sencillos. También puedes aprovechar ciertas tradiciones para enseñarles aspectos monetarios básicos. Por ejemplo, la caída de los primeros dientes ilusiona a los niños. Muchísimas familias aún conservan la tradición de poner el diente debajo de la almohada cuando el niño o la niña se van a dormir. Mientras el niño o la niña duerme, el Ratoncito o el Hada Madrina se llevará el diente y en su lugar dejará un regalo, que en la mayoría de las ocasiones es dinero. ¿Cuánto debe recibir tu hijo o hija por ese diente? En realidad, esa historia se creó para calmar el posible dolor y el trauma que puede suponer para algunos niños la caída de un diente. Sin embargo, puede ser un gran momento para comenzar a hablarle del dinero y los conceptos financieros. No desperdicies esa oportunidad.

"Yo quiero que la gente sepa que tienen el poder y la capacidad para tener todo el dinero que deseen...Si lo desean. Y ese poder no se encuentra en el dinero. El poder no se encuentra fuera de ellos. El poder se encuentra en sus ideas. No tiene que ver con el dinero, sino con el poder... El poder de sus ideas. No es el más inteligente quien va adelante, sino el que se atreve".

—Robert Kiyosaki

Autor del libro Padre Rico, Padre Pobre

LA MUJER RICA

LOGRA QUE SUS HIJOS O HIJAS SE ENAMOREN DE LA ENERGÍA DE LA ABUNDANCIA

El proceso de "enamorarse" es muy amplio y puede tomar mucho tiempo, pero sabemos que la primera etapa del enamoramiento suele comenzar con una atracción física inicial hacia otra persona. Esa atracción personal se dispara con fuerza cuando se sospecha que existe reciprocidad en la atracción. La analogía del romance entre las personas aplica a la perfección en lo que respecta al dinero, pues tiene que haber una reciprocidad en la atracción. En otras palabras, para que el dinero se sienta atraído hacia nosotros, primero debe sentir que nosotros nos sentimos atraídos hacia él. Sin embargo, como crecimos creyendo el viejo mito de que "Amar el dinero es malo", nos cuesta trabajo exteriorizar nuestra atracción hacia el dinero. Para descubrir cuál es tu verdadero sentimiento hacia el dinero, piensa por un momento cúal es la imagen que tienes de la gente que posee mucho dinero.

Existe una tendencia general a que en las películas o telenovelas el héroe sea una persona de origen humilde, pobre, sin dinero (pero noble), trabajador y con sentimientos claros y transparentes o inocentes (casi ingenuos), seres incapaces de lastimar a nadie. Por el contrario, el personaje que lo hace sufrir, tiende a ser una persona adinerada y de alta posición social, vil y sin corazón. ¿Captas el mensaje que nos han vendido? Simple: tener dinero te convertirá en una persona fría y sin sentimientos, o peor aun, en un ser malévolo y calculador. En palabras sencillas: nos han sembrado la idea –totalmente errónea– de que el dinero es la raíz de todo mal.

Tras años de condicionamiento social, algunas personas se sienten realmente culpables por pensar en obtener más dinero del "necesario". Puede ser que se criaran en una familia con ingresos muy modestos, por lo que la idea de tener mucho más dinero o ser extravagante no corresponde a sus experiencias de vida. También existe la posibilidad de que se sientan culpables al saber que hay tanta pobreza en otros países. Sin embargo, al discutir este tema quiero plantearte una pregunta interesante. Si fueras capaz de hacer mucho más dinero del habitual... ¿lo harías?

Pensemos en que –como he dicho antes– el dinero es materia inerte... no es bueno, ni malo... el dinero simplemente ES y punto. Lo que puede ser bueno o malo son las cosas que hacemos con el dinero. Como padres, nuestro deber es cambiar esa idea errónea y negativa del dinero en nosotros mismos, para que comencemos a enfocar la mente en energías positivas hacia la prosperidad.

Ahhhh... Que no se me olvide...

Tu experiencia actual con el dinero es un espejo de la relación que tienes contigo misma.

El dinero tiene muchísima carga emocional para nosotros. Convirtamos esa carga en energía positiva. Es importante que comprendas que la relación que tenemos con el dinero es tan importante como las relaciones que tenemos con otras personas de nuestras vidas. El dinero es igual de importante que tu familia. El dinero es un buen padre, un amante leal o un gran enamorado que te adora.

Seguramente quieras la mejor suerte para tu enamorado, y lo mismo deseas para tu dinero. Querrás que esté contigo, pero si lo derrochas, lo descuidas, lo arrugas, lo menosprecias al asignarle un bajo precio a tus productos o servicios, o si no te atreves ni a pedir un aumento, le estás enviando un mal mensaje de desamor a esa energía de abundancia monetaria que quieres ver fluir en tu vida.

Debemos dedicarle pensamientos positivos y amorosos frecuentes al dinero. Si dudas sobre su integridad y fidelidad; en ese momento faltará la abundancia en tu vida y debes tener presente que ese es el mensaje que tus hijos o hijas estarán aprendiendo.

La paternidad es quizá la responsabilidad más grande que existe. La educación que proporcionamos a nuestros hijos o hijas determina qué tipo de personas serán de mayores. Las mujeres ricas preparan a sus hijos o hijas para que sean adultos productivos e independientes, con confianza en sí mismos, respeto hacia los demás y con la oportunidad de alcanzar sus sueños. Es decir, los educamos para que sean felices. No obstante, si nosotras mismas no conocemos la ruta hacia la felicidad, es imposible que podamos enseñársela a nuestros hijos o hijas.

La primera lección imprescindible es ahorrar. Durante los primeros años de vida se les debe enseñar a los niños y a las niñas a demorar la gratificación que les produce el disfrute de algo que les gusta. Es decir, que los padres debemos procurar que los niños o niñas no obtengan inmediatamente todo lo que quieren, que sepan esperar y no se desesperen al hacerlo. Por el contrario, a los niños y a las niñas les conviene aprender a disfrutar el valor de la espera. Es decir, que el proceso de ir creando el dinero para obtener aquello que desea, le resulte tan placentero como comprarlo. Si un niño o una niña aprende esta lección, se sentarán las bases para que en el futuro luchen por lo que quieren, y esto incluye la destreza de ahorrar para cumplir una meta. Esta enseñanza debe complementarse con la de que aprendan a planificar para el futuro.

El peor error que pueden cometer los padres durante la crianza de sus hijos o hijas es acostumbrarles a obtener todo lo que desean, sin ningún esfuerzo. En la mayoría de casos, los padres enfocan la educación de sus hijos o hijas en la intención de reforzar en ellos o ellas el desarrollo de valores y hábitos que los harán personas de bien para la sociedad. Pero también es nuestra responsabilidad enseñarles cómo administrar el dinero.

La forma de enseñar a un niño o una niña a adquirir herramientas financieras es a través de las cuestiones cotidianas. Muchos padres actúan más guiados por sus emociones que de una manera racional. Algunos de ellos asumen esa postura por el sentimiento de darles a sus hijos o hijas lo que ellos no tuvieron de niños, y otros porque trabajan mucho y se sienten culpables de no estar más tiempo con su familia. Sin embargo, al actuar de esa forma se está acostumbrando a los niños o las niñas a no evaluar sus acciones racionalmente. Además, se les priva de la oportunidad de aprender que todo lo que uno quiere lo puede obtener, mediante el esfuerzo y el ahorro. Tu meta como padre debe ser enseñarles a tus hijos o hijas a ahorrar.

Una vez el niño o la niña adquiera los principios fundamentales que le permitan demorar la gratificación y planificar para el futuro, la buena administración del dinero será simplemente una aplicación práctica de estos principios.

También es posible ayudarles a pensar en formas válidas para obtener ingresos extra (como la venta de alimentos elaborados por ellos mismos, ayudas en labores sencillas a los vecinos y parientes, etc.). De esa manera, con el dinero devengado por su labor, podrán lograr el objetivo de adquirir aquello que desean. En general, hay una gran variedad de actividades permitidas, que no constituyen un trabajo permanente y que no interfieran con las labores escolares de los niños o niñas. Siempre recuerdo cuando de jovencita –tendría como quince años aproximadamente–, todos los sábados iba a la casa de la esposa del jefe de mi mamá para limpiarle su casa. Nunca se me olvida la gratificación que sentía porque no tenía que depender de mi mamá para comprarme algo.

Otra forma de crear conciencia financiera en nuestros hijos o hijas es asignarles una cantidad de dinero fija para que puedan pagar sus necesidades básicas y ahorrar un poco. Repito: no es conveniente dar a los hijos o hijas todo lo que piden y hasta más, porque se les estaría enviando precisamente la señal equivocada de que no es necesario demorar la gratificación, principio básico de un buen manejo del dinero y del ahorro.

¿Hasta qué edad es bueno que les ayudes económicamente a tus hijos o hijas?

Esto va a depender de las circunstancias de cada hijo o hija. Es responsabilidad de los padres prepararlos para que tengan autonomía e independencia, pero no todos los hijos o las hijas maduran a una determinada edad. Lo importante es inculcarles ese deseo de independizarse, para que sea un proceso normal en sus vidas y a nivel de la familia. Si esto no ocurre de forma natural, algo falló en el proceso educativo. Si tu hijo o hija no acepta límites ni sigue normas, su comportamiento es un gran "*reg flag*". Si desde pequeño tuvo una actitud de no hago, no recojo o no voy y permanece frente al televisor todo el tiempo, debes revisar tu reacción ante sus actos de rebeldía. La mujer rica actúa con firmeza e impone límites desde un comienzo. La mujer rica tiene una visión muy clara de qué se les permite y qué no se les debe permitir a los hijos o hijas bajo ninguna circunstancia.

> *A fin de cuentas, los jóvenes quieren volar y los padres tenemos en nuestas manos la responsabilidad de guiarlos. Nuestra función es precisamente esa: guiar y permitir que vuelen solos.*

Lo que hace feliz a las personas es el acto de luchar por lo que quieren y lograrlo mediante el esfuerzo propio. Si la lucha es difícil, tanto más será la gratificación. Esta lucha incluye un correcto manejo del dinero y la necesidad de ahorrar para ir logrando las metas y objetivos trazados.

La mujer rica tiene en sus manos la posibilidad de que sus hijos o hijas se conviertan en personas seguras, sociables, triunfadoras y felices. La educación de los hijos o hijas comienza desde el mismo momento en que nacen. Medita un poco en las siguientes preguntas:

- ¿Has acostumbrado desde un principio a tus hijos o hijas a que lleven las riendas de tu hogar?
- ¿Te has convertido en la madre esclava de tus hijos o hijas?

Pues bien, la educación que les impartes en sus primeros años es la clave para el futuro comportamiento de tus hijos o hijas. Por eso es importante ponerles límites y saber decirles que "NO" en el momento adecuado, de manera que vayas entrenando sus emociones. De lo contrario, tendremos adolescentes frustados e inseguros. Ahora que tiendo a comparar las personalidades, el carácter y las preocupaciones de las amigas de mi hija Allegra, confirmo que la mayoría de los niños y adolescentes no saben cómo enfrentarse ante la realidad que les rodea en su día a día. A los hijos o hijas cuyos padres los han dejado hacer lo que han querido –o sea "los que no tienen límites"– he observado que cuando se les presenta la primera dificultad, no saben cómo reaccionar. En la mayoría de las ocasiones muestran una tremenda agresividad, producto de la frustración que les genera el hecho de no haber aprendido a tiempo a lidiar con el proceso de espera a la hora de obtener aquello que desean. Por lo mismo, actualmente hay tantos jóvenes que no saben comunicarse y son muy débiles emocionalmente, se muestran terriblemente inseguros y se vuelven manipuladores. Crecen con una vida inestable, emocional y financieramente.

No hay que olvidar, que probablemente tus hijos o hijas estarán con ese grupo de amigos o amigas hasta la secundaria, por lo tanto el mejor regalo que puedes hacerles es un entorno social próspero y positivo. La mujer rica desea que sus hijos o hijas sean ejemplos de una vida positiva, segura, independiente y próspera.

LA MUJER RICA

LE PROVEE UN ENTORNO DE ABUNDANCIA A SUS HIJOS O HIJAS

La mujer rica entiende que los amigos de sus hijos o de sus hijas deben ser los futuros dueños de negocios, empleadores y personas con valores educativos de excelencia. Si tus hijos o hijas se comienzan a rodear de gente positiva y próspera a edades muy tempranas, seguramente, así será su vida en el futuro. Es esencial enseñarles buenos hábitos y estructuras sociales desde pequeños. Hay estudios que explican que los niños y niñas que viven en familias con un mayor nivel cultural y económico serán muy propensos a desarrollar el mismo nivel económico de sus padres. De la misma manera, estudios similares demuestran que los niños y niñas que viven en entornos de un menor nivel económico y cultural, creerán que su vida económica deberá ser como la vida económica de sus padres. Esto no es una cuestión hereditaria, sino un asunto puramente social. Las familias con mayor nivel socioeconómico consiguen interactuar de forma temprana con gente más proactiva y enfocada en patrones de negocios establecidos. A su vez, las familias con menos recursos deben emplear mucho más tiempo y esfuerzos en poder obtener las ayudas públicas para alcanzar sus metas educativas y profesionales, y se encuentran con mayor cantidad de problemas a la hora de afrontar su vida financiera. Sea cual sea nuestro caso, debemos proveerles a nuestros hijos o hijas un entorno educativo y social positivo en el que se promueva la idea de que la prosperidad es para todo aquel que quiera crear o encontrar una oportunidad.

Los padres poseemos un sistema de creencias. Estas son afirmaciones que nos hacemos a nosotros mismos de forma inconsciente; que aceptamos como verdaderas e influyen en nosotros, sean ciertas o no. Por ejemplo: No voy a poner a mi hijo o hija en ese colegio (aunque sea el mejor) porque se va a criar diferente y "prepotente".

Los patrones de creencias que nos sirven como recursos y nos benefician, se relacionan con la Cultura de la Prosperidad, mientras que las creencias que nos limitan, nos frenan y nos perjudican, tienen que ver más con la Cultura de la Pobreza. Es vital que te cuestiones a ti misma sobre cuál de estos sistemas de creencias predomina en tu mente. No importa en qué escuela o colegio tu hijo o tu hija se eduque, siempre habrán situaciones positivas y negativas que impacten sus vidas. Quienes hacemos el cambio en ellos somos los padres. Entonces: ¿Por qué promovemos ese sentimiento de rechazo hacia la prosperidad y la abundancia? Decirles a tus hijos o hijas que no pueden pertenecer a esos "colegios" o que en esa institución educativa los estudiantes están a un nivel cultural más elevado que el de ellos o ellas, es un reflejo de tus inseguridades. Nuestros hijos o hijas ni siquiera saben quiénes son los padres de sus compañeros de clases, solo van a la escuela a aprender y a jugar con los otros niños y niñas. Quienes inculcan el espíritu de competencia y envidia en los niños y niñas son los padres con el sentimiento de escasez que es generado en ellos por su angustia, temor e inseguridad.

Analiza en este momento:

- ¿Sabes cuáles son los recursos que posees?
- ¿Como padre o madre mantienes una actitud negativa hacia la vida y hacia lo que posees?
- ¿Te pasas los días quejándote, criticando a todo y a todos?
- ¿Sientes envidia hacia quienes tienen más dinero o recursos que tú?
- ¿Te sientes insegura hablando con la gente próspera?
- ¿Culpas a los demás de la situación en que vives?
- ¿Piensas que no tienes control sobre tu situación?

- ¿Manejas inadecuadamente los recursos (pocos o muchos) que posees, entre ellos, el dinero?
- ¿Resientes el hecho de que tu marido te haya pedido que te quedaras en tu casa para cuidar a tus hijos o hijas?

La mujer rica vive con un sentimiento duradero y profundo de abundancia, que genera paz, tranquilidad, seguridad y felicidad. También es un proceso que implica:

- Ser consciente de los recursos que posees.
- Mantener una actitud positiva hacia la vida y hacia lo que posees, lo que te permitirá disfrutar de todo cuanto tienes, sentir abundancia y seguridad en ti misma, así como en tu entorno.

¿Qué actividades podemos realizar con los niños o las niñas para enseñarles creencias de Prosperidad?

- Cuando le pidas al niño o a la niña que participe en una actividad, evita decirle: "Tienes que...". Díselo de manera que no generes en tu hijo o hija una actitud de obligación y carga. Por ejemplo, en lugar de decirle: "Tienes que estudiar", es preferible que le digas algo como: "Estudia y verás que te parecerá fácil de entender".
- Evita quejarte con el niño o la niña diciendo frases como: "Estoy cansada, mi trabajo es agotador". Mejor dile algo como: "Estoy satisfecha, pues hice todo lo que me correspondía hoy".
- Premia y felicita a tus hijos o hijas por sus ideas.
- Enséñales a tus hijos o hijas que nada ni nadie puede inmovilizarnos, entristecernos, irritarnos, angustiarnos, etc., sin nuestro consentimiento.
- Cuando observes que el niño o la niña le echa la culpa a otra persona de algo en lo que él o ella participó, pregúntale: "Y tú, cómo participaste en esta situación?".
- Juega con el niño o la niña a encontrar diferentes razones por las que merece ser feliz. Sugiérele que anote cada una de las ideas positivas que vengan a su mente.

- Cuando el niño o la niña critique a una persona por ser diferente, dile que todos los seres humanos estamos aquí en la Tierra para enseñarnos algo los unos a los otros. Pregúntale: "¿Qué crees que puedas aprender de esa persona?".

La prosperidad es como la autoestima: es un pilar fundamental para que nuestros hijos o hijas se desarrollen sanos y fuertes en sus actividades; para que alcancen una salud mental equilibrada, para que encuentren su propio bienestar.

Los niños o niñas que poseen una buena autoestima tienden a tener más habilidades para relacionarse con los demás y para realizar nuevas tareas o retos. De la misma forma, los niños o niñas que poseen una base sólida de creencias de prosperidad suelen conseguir excelentes resultados en su vida financiera.

Quiero recalcar que la mejor forma de enseñar cualquier creencia a nuestros hijos o hijas es mediante el ejemplo. Todos sabemos o hemos podido notar alguna vez en la vida lo fuerte que es el poder del ejemplo, de la inspiración, de tener un modelo a seguir en alguno de los propósitos que nos proponemos alcanzar. Precisamente porque es tan importante, hay que reaccionar ya. Si no posees un sistema firme de creencias en torno a la prosperidad, debes procurar un cambio positivo en tu vida. De otro modo no podrás transmitírselo a tus hijos o hijas.

Otro asunto del que debemos estar bien pendientes con nuestros hijos o hijas es la jerarquía que ocupan en la familia debido al orden de su nacimiento. Probablemente has escuchado el refrán: "Dime en qué orden has nacido, y te diré quién eres". Como mencioné, el ejemplo de los padres es uno de los pilares en la formación financiera de los hijos o hijas. Pero otro factor que determina la personalidad del niño o la niña son las creencias que tenga con respecto a sus hermanos o hermanas. La rivalidad que siempre ha existido entre los hermanos o las hermanas es la forma más directa de competir durante la evolución del ser humano. Las personalidades se forman a medida que los hermanos o las hermanas tratan de ocupar y defender nichos y papeles en la familia para asegurar su supervivencia.

- ¿Quién no ha oído hablar del peso del papel del hermano o la hermana mayor?
- ¿O quién no ha escuchado comentarios sobre lo mimados que son los hijos más pequeños?
- ¿Y qué decir de la idea generalizada de lo egocéntricos que pueden llegar a ser los hijos únicos?

Estas características tan simples pueden propiciar que los niños o las niñas se crean esos estigmas y que se comporten de acuerdo a esos papeles que les han sido impuestos por la sociedad, incluso hasta que son adultos.

Los hijos únicos

Partiendo de esas ideas se observa que los hermanos o hermanas mayores tienden a ser más conservadores, autoritarios, responsables y conformistas. Mientras tanto, los hermanos o hermanas del medio y los pequeños suelen ser más independientes, críticos, cooperadores y creativos. A diferencia de estos, se dice que los hijos únicos tienden a ser egocéntricos, dependientes e hiperprotegidos.

Aunque estas apreciaciones no tienen que ser ciertas en todos lo casos, por lo general ese estatus referente a la posición que una persona ocupa en la jerarquía familiar de acuerdo al orden de su nacimiento, puede definir su personalidad financiera en el futuro. En el caso de los hijos únicos, no es un secreto que la mayoría de los padres tienden a la sobreprotección, actitud que nunca ayuda al desarrollo de la personalidad de un hijo o una hija. Por ello, es esencial favorecer la socialización de los hijos únicos. Por fortuna, el hecho de ser hijo único no es un elemento que define por sí solo el futuro de un niño o niña. Su evolución, como la de cualquier otro hijo o hija, dependerá de la educación que le den sus padres. El hijo único puede tener un desarrollo tan sano como el de un hijo o hija con hermanos o hermanas.

Algunos problemas que podrían experimentar los hijos o hijas únicos son:

- Una gran dependencia de los padres.
- Son demasiado consentidos.
- Sus padres tienden a sobreprotegerlos.
- Se vuelven introvertidos.

Aunque estas no son características exclusivas de los hijos únicos, en la mayoría de las veces se deben, a la manera como los padres los educan. Si tienes un hijo único adulto, por favor, piensa si en términos económicos sigue teniendo las características que mencionamos antes.

Los hijos medianos

El hermano o la hermana del medio no ocupa un lugar muy definido en el plano familiar, pues el mayor recibe atención por ser el primero, y el último porque es "el bebé". Para que le presten atención, se ve obligado a competir con un hermano o hermana mayor más competente y uno o una menor más dependiente. Como resultado, vacila entre dos polos: ser tan "adulto" y capaz como el mayor o desvalido y gracioso como el pequeño. Frente a la actitud del mayor que no deja pasar una oportunidad para demostrar su mando y liderazgo, el mediano reacciona defendiendo su propia autonomía, mostrándose indisciplinado e inconformista.

El hermano menor

Los hijos o hijas menores cultivan una personalidad menos convencional, pero más independiente y creativa. Eso se debe, en cierto modo, a que los pequeños se encuentran desde el principio con otro niño o niña que comparte con ellos la atención de sus padres, lo cual hace que busquen la forma de crear su propio lugar con una estrategia más flexible.

La mujer rica analiza la personalidad de sus hijos o hijas y se asegura de que los valores inculcados a sus pequeños les ayuden a alcanzar la prosperidad.

Ser madre soltera

Si estás enfrentando la maternidad sola, recuerda que muchas otras madres también han sacado adelante a sus hijos o hijas en circunstancias adversas. Soy madre soltera y nunca se me olvida que un día, en una entrevista que me hicieron en uno de los colegios que mi hija Allegra asistió, me llamaron por el nombre de "Mrs. Morales", apellido del padre de mi hija. Cordialmente, le comenté que me podía llamar "Ms. Serrano". La entrevistadora me respondió en un tono amable, pero fuerte: "Ahh, ¿usted es una madre soltera?". Al captar el mensaje que escondía su comentario le respondí, con mucha elegancia: "Cierto, soy madre soltera, como la mamá de Obama, el presidente de Estados Unidos". Inmediatamente, la mujer se rió, pues había comprendido mi mensaje.

Por alguna razón en particular, que me es difícil explicar, Dios ha dotado a las mujeres de un instinto maternal y una fuerza de superación enormes. Son muchas las mujeres que tienen que experimentar la "difícil" experiencia de convertirse en madres solteras y afrontar de un día para otro las responsabilidades de ser madre y padre.

Además, se parte de la premisa que todas las madres solteras no tienen una buena relación con el padre de sus hijos o hijas y sé, por experiencia, que eso no siempre es cierto. Muchas madres solteras que conozco tienen una excelente relación con el padre de sus hijos o hijas y trabajan juntos por el bienestar de ellos o ellas.

Primero que todo, empieza por trabajar contigo misma. El trabajo más importante es que tú como madre estés libre y llena de vida para inspirar a tus pequeños. Despójate de todo sentimiento negativo que te estorbe: culpabilidad, rencores, odio, venganza, etc. Llena tu mente y tu corazón con ideas positivas. La mujer rica no atrae energías negativas.

No recargues a tus hijos o hijas con tus problemas personales. Ellos o ellas deben absorber lo menos posible las consecuencias de las dificultades que tú has tenido que experimentar en la vida.

Evita hacer comentarios negativos cuando estés con ellos o ellas y sobre todo, procura que tus conversaciones sean sobre aspectos que les motiven a ser mejores. Sé firme con la disciplina. Es un error grave ser una madre permisiva, pues lejos de hacerles un bien, estarías despejando el camino para la rebeldía y la confusión en sus pequeñas mentes. Recuerda que tú eres tan importante como tus hijos o hijas. Entregarte completamente a ellos o ellas y pretender dejar tu propia vida y felicidad a un lado, también es un grave error. Dedica tiempo para ti, estudia, sé una profesional, practica algún deporte, haz lo que más te gusta, pero sobre todo mantén bien alta tu autoestima y verás con gozo el fruto de tu trabajo interior proyectado en la vida de tus hijos o hijas.

Construye una red de apoyo, edúcate y rodéate de otras mujeres sabias que te ayuden a enfrentar y solucionar tus problemas. Es normal tener miedos y preocupaciones sobre el futuro. Tómalo día a día y ten fe en ti misma. Pronto verás que eres mucho más fuerte de lo que a veces crees. Esa fuerza muchas veces te ayudará también a tragarte el orgullo y tratar de enseñarles lecciones a tus hijos o hijas, más allá de las adversidades que estés viviendo. La vida es experiencia, y si aprendes de ella y sigues adelante, al final lograrás convertirte en una mujer más sabia. Eso es lo que importa. No te compares con otras mujeres y valora lo que tienes.

Ten presente siempre: ser madre soltera no es una maldición. Simplemente es un tipo de familia diferente.

No permitas que la carga de sentimientos negativos que se le imponen socialmente al título de "madre soltera" asocien tu estatus con el abandono, la derrota, la frustración y la soledad. Estas asociaciones no te permitirán atraer la prosperidad. Si aceptas ese condicionamiento, te convertirás en la perfecta candidata para llevar el título de "pobrecita" y te aseguro que ese rótulo de víctima es aplastante para la autoestima de cualquier mujer que está sufriendo la separación o el abandono de un hombre.

Tengo muchos amigos que me dicen: "Bendito, amiga, estás solita... no te preocupes que ya pronto vas a conseguir a alguien". Aunque no hacen esos comentarios con mala intención, lo cierto es que hablan como si la vida girara solo en torno a esa supuesta "otra mitad", y esa presión social nos impide ver lo extraordinario que puede ser aprender a manejarse "sola".

La verdad es que hay una inmensa diferencia entre estar sola y contar con la compañía y el apoyo de un compañero fiel, cariñoso y colaborador. De la misma manera, cuando hablamos de la economía del hogar y de compartir responsabilidades, no cabe duda que tener un *partner* o un socio en el hogar es algo positivo para toda la familia. Pero hay que aprender a aceptar las realidades de la vida y a ver que siempre se deriva algo positivo de todas las experiencias que tenemos a lo largo del camino.

El mensaje que quiero transmitirte es:

- ¿Cómo podemos hacer lo mejor de una situación no deseada?
- ¿Cómo seremos capaces de formar y echar hacia adelante a niños o niñas saludables física y mentalmente ante el reto de tener sus vidas bajo tu sola responsabilidad, sin la ayuda del padre?

Sigue todas las recomendaciones que te he mencionado a lo largo del libro y de seguro la abundancia y la prosperidad visitarán tu hogar.

¿Cuáles son los mayores retos de las mamás solteras o solas?

Hay muchísimos retos al enfrentar la maternidad sin la presencia de una figura paterna. Por mi experiencia personal y profesional diría que los principales retos que afrontamos las madres solteras son la economía y el cuidado de los niños o niñas cuando tenemos que ir a trabajar. Recibir una llamada urgente mientras estás en un trabajo en donde tu jefe puede ser un amor, pero no te permite atender llamadas telefónicas personales o salir para lo que tú consideras una emergencia, es muy difícil de asimilar. Asimismo, recibir la llamada de tu niñera a última hora para decirte que no puede quedarse ese día con tu hijo o hija –justo cuando estas casi lista para ir a tu trabajo– es un gran reto. De la misma manera, faltar a un día de trabajo cuando el niño está enfermo desestabiliza tu economía, pero al mismo tiempo irte a trabajar cuando el pequeño no se siente bien, no te permite estar en paz mientras trabajas. Es en esas circunstancias donde aprecio la bendición que poseen aquellas mujeres que cuentan con el apoyo de sus parejas. Es por eso que mi deseo de superación se hace más grande.

El deseo de alcanzar la libertad financiera se ha convertido en una prioridad para mí, porque el tiempo que comparto con mi pequeña es una de mis prioridades; y el no tenerlo, mi mayor reto.

Te pregunto: ¿Has pensado alguna vez que si tu hijo o hija se criara viendo cómo su padre y tú se pelean o se ignoran, podría haber sido peor que criarse solo contigo? ¿Conoces alguna de esas parejas supuestamente "perfectas", que viven la vida subiendo fotos en Facebook, Twitter e Instragram en un afán por mostrar su "estado perfecto de familia", pero sus hijos o hijas son los más inestables, ineficientes, malcriados y agresivos del mundo? Entonces, aunque creo firmemente que la presencia de un buen padre en la vida del niño o la niña es muy especial, y soy partidaria al cien por ciento del concepto de familia, eso no necesariamente significa que tus hijos o hijas van a ser exitosos en el futuro por haberse criado en el seno de una familia "perfecta". Conozco muchos hogares disfuncionales en los que los niños o niñas viven la pesadilla de estar en medio del desamor y la falta de respeto de sus padres: la mujer en el más "perfecto" estancamiento y controlada totalmente por el marido, mientras el hombre disfruta la "perfecta" vida de soltero casado.

Madre que me lees, deja ir lo que pudo ser y no fue. PERDONA. Y siente en lo profundo de tu corazón el privilegio de ser madre, porque pese a las adversidades, al final del día eres tú la que vives esa pasión y fuerza que te da ese angelito o angelita que formaste en tu vientre. No te permitas a ti misma la desgracia de vivir bajo el rencor y la vergüenza, porque así como la situación tiene sus retos, también tiene el doble de bendiciones.

Cuida y protege tus emociones, para que críes hijos o hijas saludables física y emocionalmente. Abre las puertas a la ilusión de un nuevo amor, sin el temor de que puedas repetir la historia de un pasado doloroso. Lee, edúcate, disfruta tus hijos o hijas al máximo y procura que la felicidad se convierta en tu prioridad todos los días de tu vida. Mira siempre el lado positivo: estar sola te permite ir y venir sin límites, elegir y evolucionar sin restricción.

Los hogares monoparentales a cargo de una mujer "jefa de familia" se encuentran en constante aumento en las últimas décadas en prácticamente todos los países del mundo. Si tú eres madre soltera no te avergüences de serlo y lucha para poder hacerte la carga más liviana y lograr que un día tus hijos o hijas vean en ti el ejemplo de una gran mujer, que ha luchado con amor para proveerles todo lo que necesitan. Siéntete orgullosa y demuéstrale a las personas que te critican que puedes lograr lo que te propongas y que estás enfocada en tu prosperidad. Esa es tu mejor herramienta y tu mayor fortaleza.

"La lucha de la mujer es constante, pero tenemos que salir adelante por nuestros hijos, por nuestra familia y por nuestro hogar. Para nosotras lo más importante es conquistar con nuestro esfuerzo un lugar en el mundo profesional y lograr que nos respeten por eso".

—Bárbara Bermudo
Periodista – Primer Impacto

LA MUJER RICA

ELABORA UN PRESUPUESTO MENSUAL CON SU PAREJA

La economía incide en todos los aspectos de tu vida y, por ende, también en la relación con tu pareja. ¿Qué consejos le ofreces a la economía de la pareja? ¿Cómo podrían estar de acuerdo una pareja con pocos intereses comunes? ¿Es positivo tener una cuenta en común entre la pareja? ¿Cómo se llega a establecer acuerdos en pareja cuando una persona no aporta un salario en el hogar?

> *Ser organizado es una actitud a la que casi todo el mundo aspira, pero muy pocas personas dedican el tiempo necesario para conseguirlo. Las personas organizadas pueden alcanzar sus metas más rápidamente.*

Actuar de forma organizada te ayudará a evitar conflictos por asuntos económicos. Muchas veces las discusiones entre las parejas comienzan por la forma como se aborda el tema y no por el tema en sí.

Algunos conflictos graves de las parejas pueden surgir por decir frases como estas: "Yo soy el que trae el dinero a casa", "Todo sale de mi bolsillo", "No valoras el dinero porque no sales a ganártelo", "Yo aporto más, así que yo decido". Estos son mensajes muy hirientes que la mayoría de las veces suelen hacerse cuando se produce una discusión por razones que no tienen nada que ver con el dinero.

Aunque no lo crean, aún en estos tiempos, existen parejas que tienden a no hablar de este tema, porque lo consideran un "tabú".

Es bien común que las mujeres no quieran abordar este tema porque trae ante la pareja esos prejuicios sociales y machistas que enmarcaron al hombre como único proveedor y el encargado de traer el sustento de su familia. Sin embargo, gracias a Dios, estamos viviendo en un nuevo siglo donde cada día ya es más normal hablar de estos asuntos. Según pasa el tiempo observamos que es menos común ver a esas parejas del pasado en donde el hombre era el único proveedor de todo en la casa y la mujer permanecía en su rol pasivo de ama de casa ocupándose solamente de atender a los hijos o hijas y al marido. Cada día la mujer se independiza más y se educa de forma tal que puede conseguir trabajos que a veces son hasta mejor remunerados que los que tradicionalmente hacen los hombres.

En toda relación de pareja es fundamental mantener una buena situación económica. La comunicación y conocer en detalle lo que cada uno gana por su cuenta es lo más importante. "De amor no se vive", es mejor tener las cuentas claras.

- ¿Alguien aporta más en la casa?
- ¿Hicieron el listado de deudas mensuales?
- ¿Tienen reservas de dinero?
- ¿Quién decide las compras?
- Prioridades – ¿Qué desean ambos? ¿Sus expectativas económicas son iguales? Mientras más intereses comunes tengan, menos dificultades tendrán para convivir.

Después de haber analizado estas preguntas, comencemos a elaborar un presupuesto (Ingresos vs. Gastos) y a definir metas a corto y largo plazo. Deben organizar un presupuesto y ajustarse a él. Luego, se debe reajustar cada año o cada seis meses, acordándolo entre los dos.

¿Cómo hago un presupuesto? Este ejercicio lo van hacer por dos meses. Hoy en día hay muchos programas en línea, así como una infinidad de aplicaciones móviles que pueden ayudar en la creación de un presupuesto. Pero no es necesario tener acceso a la tecnología para hacer uno. En realidad, todo lo que se necesita es un lápiz y unas hojas de papel.

1. Escribe en un papel todos tus gastos, o sea, todos tus pagos mensuales.
   a. Anota todos los gastos fijos como el pago de la hipoteca, préstamos de autos, tarjetas de crédito, etc.
   b. Incluye los gastos que se hagan con dinero en efectivo, ya que éstos son más difíciles de rastrear. (compras diarias en el supermercado, etc.)
   c. Añade gastos de temporada o anuales como: el marbete o registración del automóvil, el gasto por la preparación de tus planillas de impuestos, vacaciones o gastos de Navidad, gastos de seguros, etc.

2. Anota por separado tu ingreso neto mensual
   a. Toma nota de todos los ingresos netos de cada trabajo o fuente de dinero. Esto podría abarcar ingresos de compensación por desempleo, trabajos temporales y asistencia pública. Si la cantidad varía, saca un promedio en el que tomes en cuenta los últimos doce meses.
   b. Incluye ingresos que ocurren con menor frecuencia como bonos anuales, dividendos e intereses, reembolsos de impuestos, etc.

3. Crea el Presupuesto
   a. Elabora un documento con dos columnas: una con los ingresos mensuales y otra con los gastos mensuales.
   b. En la sección de gastos debes separar aquellos que son fijos, de los flexibles, para que así puedas priorizar los gastos mensuales del hogar.
   c. Si los gastos mensuales exceden los ingresos, entonces hay que buscar formas de reducir los gastos o ganar más dinero. Lo más factible probablemente será reducir gastos flexibles como teléfono celular, agua y electricidad.

El dinero dentro de una relación de pareja es un tema delicado para cualquiera. Resulta difícil de hablar y más difícil de digerir o asimilar. Muchas personas piensan que no se debe mezclar el amor con el dinero, pero en el caso de una relación sólida y que visualiza crecer con el tiempo, es muy importante dejar este asunto claro para evitar después malos entendidos dolorosos.

Vamos a ver un ejemplo:

PRESUPUESTO FAMILIAR

Ingreso familiar

Tipo de ingreso	Cantidad
Ingreso	$
Asistencia Pública	$
Pensión Alimenticia / "Alimony"	$
Intereses / Dividendos	$
Seguro Social	$
Otro	$
Total disponible	$2.800.00

Gastos familiares

Gastos fijos	Cantidad
Renta / Hipoteca	$
"Taxes" / Seguro	$
HOA / Basura	$
Cable	$
Pago de auto	$
Seguro del carro	$
Otros pagos / Préstamos	$
Seguro de vida	$
Escuela / Cuido	$
Gastos flexibles	**Cantidad**
Gasolina	$
Electricidad	$
Agua	$
Teléfono / Celular	$
Comida	$
Transportación	$
Mantenimiento del carro	$
Gastos personales	$
Otros	$
Total	$2.700.00

Así de simple. De alguna forma debemos comenzar a ahorrar en familia para tener fondos de emergencias, vacaciones, gastos imprevistos de nuestros hijos o hijas, o simplemente para disfrutar nuestras vidas con la paz que nos da poder disponer del dinero necesario para nuestras necesidades y gustos.

LA MUJER RICA

ORGANIZA SU VIDA EN PAREJA

¿Qué pueden hacer?

1. Ambos sueldos pueden ir en una cuenta común – La pareja acuerda "en pareja" cómo gastar el dinero. OJO: cada uno debe crear una reserva de su sueldo, en cuentas separadas, para gastárselo en lo que quiera. Esto es muy importante.

2. Aunque haya uno que no aporte un sueldo a la casa, el que aporta el sueldo debe reconocer que la otra persona está ahorrando dinero a la economía familiar con su esfuerzo y desarrollando un trabajo en el hogar que merecería un sueldo (gracias a su labor en el hogar se evita pagar cuido de niños, gasolina, automóvil, seguros, etc.)

3. *Evita la dependencia económica – No se deben establecer relaciones mediadas por el dinero. Procura siempre la independencia económica. En pareja cada uno es dueño de sus bienes y tiene la facultad para administrarlos.*

4. Muestra respeto por los acuerdos que han tomado en pareja – El dinero no hace feliz a la pareja, sin embargo el compromiso ayuda a disfrutar los logros en conjunto. No estás obligada a firmar todo lo que te pida tu esposo, menos si esa decisión puede comprometer el patrimonio.

5. Hablen de la información en general – En sus conversaciones deben añadir la educación de sus hijos o hijas,

siempre y cuando la pareja planifique tener descendencia. También conviene incluir los gastos futuros de sus padres (si alguno).

6. Hablar siempre en primera persona del plural – Conviene referirse siempre a "nuestras expectativas", pero sin criticar ni recriminar al otro. Al hablar sobre las finanzas debemos mantener un tono cordial sin alterarnos. De lo contrario, si sientes que la discusión se está acalorando demasiado, es mejor dejar la conversación para cuando estén más calmados.
7. Es importante saber de cuánto dinero se dispone, cuánto se puede gastar, en qué cosas, quién va a llevar las cuentas y quién va a controlar el papeleo del banco.
8. Si solo trabaja uno de los dos, se debe negociar cuáles tareas va a realizar el otro en la casa y la remuneración económica que recibirá por ese trabajo (en dinero).

Decide, antes de casarte, si quieres un régimen de bienes separados o de bienes gananciales (mancomunados). En caso de divorcio esto será bastante significativo. Que tengas en cuenta este tipo de consideraciones no significa que ames menos a tu pareja.

En cuanto a las tarjetas de crédito, deben acordar si se dividen el pago de las tarjetas en partes iguales o cada uno corre con sus gastos a la hora de hacer abonos mensuales. Es importantísimo que ambos comprendan para qué sirve una tarjeta de crédito y que esta conceptualización sea la misma para los dos. Si lo que haces es comprar y abonar dinero completo a fin de mes, pero tu pareja visualiza la tarjeta de crédito como una manera de obtener efectivo o comprar ahora para pagar "cuando puedan", los intereses generados no deberían corresponderte a ti. Si ves que cada uno entiende de una manera diferente el concepto de la tarjeta de crédito, es mejor que no compartan una única tarjeta y que cada uno sea titular de la suya.

En cuanto a las cuentas bancarias, aplica el mismo principio que proyectaron con las tarjetas de crédito. Una cuenta bancaria común es muy cómoda si los dos miembros de la pareja tienen el mismo concepto de la economía doméstica.

Tener una hipoteca juntos es como tener un hijo o hija. Van a pasar unos veinte años (este es el mínimo aproximado antes de que desaparezca la cuenta). Cuando se adquiere un compromiso de estas dimensiones hay que hablarlo muy bien, muy despacio y durante varios días antes de comprometerse a asumir la deuda. Hay que poner sobre la mesa cómo se va a pagar, qué pasa si uno de los dos se queda sin trabajo o se divorcian en un futuro.

Compras grandes y significativas. Hay compras que significan más que un depósito económico. Como he mencionado antes, la compra de una casa –del hogar familiar– tiene connotaciones emocionales enormes. Hacer este tipo de transacciones económicas juntos es un paso inmenso en la relación. Precisamente por eso, se requiere de mucha confianza en el otro y un compromiso absoluto al tomar decisiones de esta envergadura. Este es el aspecto más delicado de las finanzas de la pareja. Una solución es que la casa sea cincuenta por ciento y cincuenta por ciento de cada uno cuando se hace la escritura de la propiedad o se inscribe el título de la propiedad a nombre de los dos. Aunque se casaran con capitulaciones matrimoniales, también es posible esta solución, siempre y cuando se acuerde entre las partes.

Muchas veces nos preguntamos cuál es la mejor manera de llevar a cabo la economía de la casa. La respuesta es simple, lo que mejor acomode a la pareja. Si eres el tipo de mujer que aspira a que su esposo se lo dé todo, es decir, que haga el papel de un hombre tradicional al estilo de nuestros abuelos y como por arte de magia te encuentras a un caballero con estas condiciones, pues ni hablar... ¿Para qué cambiar lo que está perfecto?

> *Eso sí, más vale que tú también hagas el papel de mujer tradicional, de la misma manera que reclamas ese compromiso de él, ya que en el futuro podrían venir conflictos, si desearas más autonomía, pues no tendrías derecho a reclamar una libertad a la que tú misma renunciaste.*

Lo mismo aplicaría si eres un hombre que deseas con ansias encontrar a una mujer que te lo dé todo, y te encuentras a una especie de hada madrina que está dispuesta a esto, pues tienes luz verde mientras sean felices. Pero la realidad es que de acuerdo a las estadísticas, son pocas las veces que esto funciona. ¿Qué hacer entonces en el caso de que no sepamos cómo llevar la economía?

Veamos. Cada quien deberá poner todos sus ingresos en una sola cuenta común y de ahí sacar el porcentaje en número que cada cual debe aportar para los gastos de la casa y el ahorro. Por ejemplo: si uno gana $1,000.00 y el otro $500.00, el 100 por ciento de la ganancia es $1,500.00. Una vez hayan hecho el ejercicio de sumar sus aportaciones, haz el siguiente cálculo: Divide 100 entre los $1,500.00 y la cifra que resulte debes multiplicarla por el ingreso individual.

- 100 / 1500 = 0.066
- 0.066 • 500.00 = 33.33 por ciento
- 0.066 • 1000.00 = 66.66 por ciento

Estos porcentajes corresponden a lo que cada cual debe aportar para los gastos de la casa. Así pues, si la renta es de $400.00, el que gana $1,000.00 debe aportar el 66.66 por ciento de $400.00, que sería $266.64, y el que gana $500, aportaría el 33.33 por ciento de $400.00 que serían $133.32. De esta forma la distribución de los gastos es equitativa. Por favor hagan este ejercicio juntos.

Siempre deben tener una reserva individual y privada para aquellos gastos que cada uno entienda pertinentes o necesarios. Esto no significa que estas reservas sean "intocables". Es vital que ambos comprendan que si una parte de la pareja necesita disponer del dinero de la reserva del otro o en caso de que los gastos de la casa lo ameriten, habría que gastar esa partida individual. Pero mientras eso no ocurra, deberá permanecer privada en cuentas apartes. Debes acostumbrarte a hacer con ese dinero lo que a ti te dé la gana. Esto le da un poco de libertad y sorpresa a la relación. Aparte de que cada uno podrá costear cualquier gusto personal como manicuras, pedicuras, masajes, arreglos de pelo o también les puede servir en caso de que quieran hacerse regalos sorpresa. Por ejemplo, si uno quiere sorprender al otro haciéndole un regalo especial de aniversario, de cumpleaños o de Navidad, el otro no se dará cuenta al ver el movimiento bancario.

Piensa ante todo si tienes plena confianza en tu pareja. Si no hay confianza entre ustedes, siempre nos quedará la duda de que pueda estar mintiendo con respecto a cuánto gana. Si vienen a tu mente preguntas como: ¿Y si me está diciendo mentiras referente a lo que gana? ¿Y si se lo está gastando con otra persona? Este tipo de dudas pueden acabar con la relación.

Dialoga con tu pareja sin discutir

Conversar sobre dinero sin discutir es la primera lección que deberían aprender todas las parejas. Para lograrlo hay que hablar de nuestras expectativas, siempre en primera persona, pero sin criticar ni recriminar al otro. Por favor evita recriminar al otro por algo que pasó hace muchos años o meses atrás.

Debes mantener un tono cordial, sin alterarte. Desde el principio de la relación conviene analizar con tu pareja de cuánto dinero disponen, cuánto se pueden gastar y en qué cosas, quién va a llevar las cuentas y quién va a controlar el papeleo del banco.

Si a un plazo de seis meses logran esto juntos, planifica un viaje sorpresa como premio a ustedes. Deben establecer objetivos comunes y buscar actividades estimulantes para hacer entre los dos como parte de su proyecto de organización de las finanzas familiares. Te aseguro que bien manejado, el tema de la organización del dinero puede unir mucho a la pareja.

¿Quién debe llevar las riendas financieras en el hogar, la mujer o el hombre?

Nadie se escapa de pagar deudas y gastos diarios del hogar. La respuesta es simple: "lo que mejor acomode a la pareja". La contestación podría ser:

- Asumo el rol.
- Le doy ese rol a mi pareja.
- Lo compartimos.

Lo importante es no permitir que la magia del enamoramiento los nuble y excluyan completamente la parte económica de su vida como pareja.

> *Su relación no será sana ni justa si no sabes cuánto gana tu pareja o viceversa. La falta de esa solidaridad y confianza entre la pareja puede incluso terminar en divorcio.*

No puedes establecer el tema del "dinero" como un tabú en el hogar. Si nos abrimos a crear un espacio honesto para el manejo de las finanzas, comenzaremos nuestra relación de pareja con el pie derecho y con mucha confianza.

¿Se deben unir los dos salarios o se debe mantener una independencia financiera entre la pareja?

Si tienes plena confianza en tu pareja, entonces puedes unificar el plan financiero. Si la contestación es "NO", no habrá confianza y siempre quedará la duda de qué hizo el otro con el dinero. En ese caso, te recomiendo que cada uno cree una reserva de su sueldo, en cuentas separadas, para gastárselo en lo que quiera. Como te mencioné antes, mantener libertad financiera puede tener un efecto sorpresa en la relación.

¿Se deben compartir las cuentas y pagos de la casa?

Una cuenta bancaria común es muy cómoda si los dos miembros de la pareja tienen el mismo concepto de la economía. Pero si sus proyecciones en torno al dinero no coinciden, entonces no se deberían compartir.

Ventajas:

- Tendrán que hacer menos papelería.
- Ambos saben exactamente en qué se está gastando y resulta más sencillo establecer el presupuesto familiar.
- Pagar los gastos es más fácil pues nadie tiene que depositar en otra cuenta para hacer los pagos.
- Al ser un equipo, emocionalmente la pareja se siente parte del matrimonio.

Desventajas:

- Más manos metidas en el dinero.
- Tendrán que revisar las cuentas por dos.
- Puede haber desigualdad si la pareja que gana más dinero se siente penalizado en una cuenta mancomunada.
- En este tipo de arreglo siempre habrá menos privacidad e independencia.

Los cinco errores más comunes de las finanzas en pareja según Fintonic son:[10]

1. La carga económica recae sobre uno de los dos – Esto asesina la intimidad (financiera) de la pareja.
2. Gastos Imprevistos – Por lo mismo, necesitamos crear un fondo de emergencia que proteja la economía familiar en caso de gastos imprevistos. Este fondo debe tener una cantidad de dinero equivalente a por lo menos entre seis a ocho meses de sus gastos mensuales. Así ambos vivirán más tranquilos.
3. Derrochador vs Tacaño – Tanto el ser tú el "derrochador" como el "tacaño" de la pareja, son factores que pueden

afectar negativamente al otro y, por ende, a la pareja. Una buena forma de afrontar la disparidad de visión sobre el gasto es establecer objetivos de ahorro en común para hacer un viaje, comprar un automóvil o tener un bebé. Estas son metas en común que los motivarán a ceñirse al presupuesto, lo que les permitirá conseguir muy buenos resultados. Recuerda el refrán que dice: "la unión hace la fuerza".

4. Hablar una vez sobre el dinero no es suficiente – Las condiciones de vida pueden cambiar de un día para otro: un cambio de trabajo o una mudanza, por solo mencionar dos ejemplos, son situaciones que alteran drásticamente nuestros objetivos de ahorro. Por ello, conviene que establezcan en el calendario una fecha para revisar sus finanzas por lo menos cada seis meses.

5. La forma de gastar sí importa – ¿Eres de los que ignoras cómo afecta a la otra persona tu patrón de gasto? No importa si sus cuentas están separadas, la vida en común afecta siempre al otro.

Pregunta siempre su opinión y procura ser más neutral para que tu pareja no se sienta intimidado por tus deseos.

O sea, si a ti te gusta una cartera de quinientos dólares, primero pregúntale a tu pareja qué piensa sobre ese gasto, antes de comprarla. Puede ser que tu pareja necesite ese dinero para cubrir una meta económica familiar, pero por no privarte de un gusto es posible que no te comente nada y siga arrastrando ese problema en silencio por mucho tiempo y esto puede afectar las finanzas familiares en el futuro.

Prométeme que no escucharás a tu abuela si te dice: "Cuando te cases, tu dinero es tuyo; el hombre será quien deba proveer"... "No le digas cuánto ganas, ni uses ese dinero para la casa"... "Guarda tu dinerito para ti, es tuyo, porque si mañana pasa algo, siempre tendrás ese dinero tuyo". *Pleaseeeeeee!!!!!* Esa filosofía se quedó muchos años atrás. Puedo comprender esas advertencias bajo circunstancias muy específicas, pero no estoy de acuerdo con esa forma de ver la vida financiera de la pareja, por una razón muy simple: no está basada en el respeto y la confianza mutua.

Vivimos en un momento histórico en el que se hace indispensable que la pareja entienda que si ambos trabajan, entonces ambos tendrán los mismos derechos y responsabilidades en lo que respecta a las actividades relacionadas a su familia (el manejo del dinero incluido).

Ahora bien, si uno de los dos aporta todo su dinero porque ha asumido el rol de proveedor, entonces esa persona podría "ahorrarse" la responsabilidad de lavar los trastes o de ocuparse de los quehaceres del hogar. Creo que las personas que asumen el rol de cuidadores del hogar deben de saber también valorar y cuidar el dinero que la otra parte de la pareja aporta a los fondos del hogar y en conjunto buscar objetivos en común.

La mujer rica no comienza una vida de pareja pensando en la posibilidad de que su matrimonio o situación de pareja "termine" en un momento dado.

No es que no exista la posibilidad de una ruptura... eso siempre puede ocurrir y conviene haberse preparado para esa eventualidad u otros cambios imprevistos como la pérdida del empleo, una enfermedad catastrófica o incluso la muerte de alguno de los dos.

En lo que respecta al manejo de las finanzas de la pareja es necesario que confíen uno en el otro y que pongan todas sus energías e intenciones en que la relación funcione.

Tal como se explica en el artículo "¿Hasta qué punto influye el dinero en la satisfacción sexual?", un reciente estudio ha confirmado que el poder adquisitivo es un elemento importante a la hora de tener una vida sexual satisfactoria.[11] Según Dolores Ruiz, autora principal de este trabajo investigativo, "las personas de menor condición socioeconómica declaran estar menos satisfechas con su vida sexual, especialmente en el caso de las mujeres, a las que parece influirles más este factor". Entre las posibles causas de esta tendencia podría estar el hecho de que "las personas que tienen una posición socioeconómica poco favorable tienden a tener relaciones sexuales menos seguras. Y las mujeres suelen sufrir más experiencias sexuales abusivas". En cambio, los individuos que cuentan con más ingresos y trabajos estables son más conscientes de sus necesidades íntimas, por lo que tienen también mayor capacidad para satisfacerlas. Según el estudio, "el dinero alivia mucho el estrés de la vida, ayuda a relajarse y a dejarse llevar".

Por otro lado, perder el trabajo y tener dificultades económicas afecta no solo a nuestro estado de ánimo, sino también a nuestra libido. Cuando tenemos problemas económicos, la vida sexual se afecta, porque las incertidumbres económicas pueden llegar a disminuir el interés de la pareja hacia la sexualidad. Una situación que no es fácil de evitar, ya que la depresión, la ansiedad y la baja autoestima suelen llevar implícitos la inapetencia sexual.

Cuando uno de los dos miembros de la pareja se queda sin trabajo y el otro tiene que mantenerlo, ¿cómo podemos manejar esta situación para que no afecte a la vida de pareja? Aunque algunas parejas saben sobrellevarlo sin caer en un juego de poderes –lo comprenden, se arman de tolerancia y viven sin mayor problema–, lo cierto es que en la mayoría de los casos en que la mujer tiene que sostener económicamente el hogar, el hombre se frustra y su autoestima se deteriora de forma severa.

Antes de casarse, o convivir, las personas están entusiasmadas y enamoradas, lo que los hace olvidarse de aclarar cuestiones básicas que ayudarán a saber si la relación tendrá un futuro próspero en caso de que decidan optar por el matrimonio o la convivencia. Por ejemplo:

- ¿Qué harán en caso de que la familia de tu esposo o la tuya necesiten ayuda económica? No establecer esto de antemano podría crear una situación incómoda en la pareja.
- ¿Quieren tener hijos? ¿Cuántos? La llegada de los hijos puede ser muy perturbadora, sobre todo si la pareja no se organiza previamente para atender todas las responsabilidades que conlleva la paternidad. Y uno de los aspectos más importante es el impacto económico que tendrá a corto, mediano y largo plazo la llegada de los hijos o hijas. Te aseguro que resultará muuuuuuuuuuuuuuuuuuuuy costoso.
- ¿Tienen una idea clara de las obligaciones financieras que tendrán que asumir como pareja? ¿Ya acordaron cómo manejaran el dinero?
- ¿Quién hace qué en la casa? Las costumbres de cada uno son diferentes, así que hay que conocer las expectativas que tiene cada uno sobre el mantenimiento de la casa, sobre quién se encargará de determinadas tareas básicas como los "quehaceres" del hogar. El problema no es simplemente hacer los "quehaceres" del hogar, sino que uno de los dos integrantes de la pareja sienta que el otro no aporta responsablemente o de igual forma a las actividades diarias del hogar.
- ¿Hay algo, en la actualidad, a lo que no quieras renunciar por tu pareja? Cuando se contraen nupcias, se pasa de ser un individuo independiente a un dúo dinámico, que requerirá tiempo y atención, por lo que puede que los proyectos individuales sean un poco más difíciles de cumplir.

> *Yo no estaría dispuesta a renunciar nunca a mi crecimiento profesional. Es así y punto.*

- ¿Qué hay de: "en la salud y en la enfermedad"? ¿Estarías dispuesta a sacrificar todo por tu pareja? He visto parejas que cuando llegan las facturas médicas se divorcian.

Ante la emoción del romance es probable que no se piense en posibilidades negativas, pero no estamos exentos de problemas, así que hay que organizar un plan de "¿qué haríamos si...?" y saber a qué tanto estamos dispuestos.

Amiga... LA GENTE NO CAMBIA... así que ten presente que puede resultar muy difícil cambiar patrones financieros entre la pareja. Los seres humanos solo le hacemos "*upgrades*" a nuestros comportamientos. Después no digas que no te lo dije. Los cambios se pueden dar, pero cuestan esfuerzo y compromiso, y no necesariamente ocurrirán como una los imagina o quiere.

La mujer que mantiene a los hombres

Cuando menciono a "las mujeres que mantienen a los hombres", no me refiero a las llamadas "*cougars*", que son las que tienen un romance o son parejas de hombres diez años más jóvenes que ellas (o hasta más). Ese tipo de mujeres se comportan como pumas a la caza de sus presas más débiles. La mayoría de ellas son económicamente independientes y lucen muy bien a nivel físico. Prefieren buscar hombres jóvenes porque tienen "menos" bagaje emocional y les resulta más fácil controlarlos. Por ser económicamente más prósperas, le pagan todo a su pareja, pero lo hacen porque tienen dinero de sobra y disfrutan la sensación de poder que derivan de esas relaciones.

Ahora bien, la mujer que sostiene económicamente a un hombre porque le da pena con él, porque desea ser la heroína de su familia, porque tiene miedo de quedarse sola, sufre de problemas con la autoestima, o porque le gusta "arreglar a los hombres", es la que podría tener más problemas con el dinero. ¿Eres codependiente de ese hombre y por eso insistes en mantener una relación poco saludable y poco próspera? ¿Has compartido con alguien así? La relación comienza bien, ambos dividen sus gastos, salarios, etc., y en menos de tres meses ya la mujer asume la responsabilidad de toda la carga económica en la casa.

¿Tu esposo o pareja se convirtió en un "vividor" y no tienes la fortaleza de carácter para ser responsable con tu relación y exigirle que aporte dinero a los gastos del hogar? ¿Te mantienes en un patrón donde no puedes ahorrar porque te sientes obligada a prestarle dinero todos los meses a tu compañero porque lo necesita para pagar la pensión de su niño o niña, su carro, su casa, etc.? Si te encuentras en una situación como esta, conviene que te cuestiones: ¿Qué puede influir en una mujer para que dedique su esfuerzo a mantener a un parásito que se aprovecha de su prosperidad?

Conozco muchas mujeres, pero muchas... que viven en un infierno económico porque decidieron mantener a su exesposo, a su novio, a los padres de su novio, le pagan todo pero no tienen el dinero para asumir esa responsabilidad y viven la vida quejándose de esa situación, pero no dan el paso correcto para liberarse de ese círculo vicioso.

Mantener a los hombres no es malo, si dispones de los recursos materiales para hacerlo y te sientes bien con esa decisión.

Lo que sí es malo (¡¡fatal!!) es que sacrifiques tu prosperidad por otra persona que no corresponde de igual manera ante tu generosidad y compromiso con la relación.

La vida es muy corta como para no disfrutarla si tienes los recursos. No malgastes tus recursos (económicos, emocionales, sentimentales...) con personas que no lo agradecen. Por desgracia, la realidad es que algunas mujeres tienen demasiado miedo de salir de su relación por perder la aparente seguridad que les brinda andar "acompañadas". Busca tus opciones y actúa con rapidez. A veces, las mujeres invierten tanto emocionalmente en una relación, que prefieren no dejar ese compromiso.

Las experiencias de esta naturaleza no son más que pequeñas pruebas de la vida que nos enseñan nuestros límites y nos preparan para el futuro económico.

No permitas que una mala relación te mantenga atrapada en la indignidad simplemente porque no quieres estar sola. La vida es demasiado corta para perder un minuto en una mala relación. Y ahora ¿qué?

En la inmensa mayoría de los casos cuando el marido o novio se queda sin trabajo, las mujeres pasan a ser el roble del jardín, porque se convierten en el apoyo al que todos recurren en momentos de crisis. Y si además la mujer trabaja, su ingreso pasa a ser vital para el sostenimiento del hogar. Su trabajo y su dinero es el soporte del hogar.

No obstante, si existe una buena relación matrimonial y el marido es capaz de reconocer el talento y el apoyo de su esposa en un momento difícil y dramático como ese (además de reconocérselo con gestos de aprecio, debe decírselo verbalmente), esta situación puede traer mucho bien a toda la familia.

Lamentablemente, las personas en general son poco dadas a medir sus palabras y menos aun, a darse las gracias por el apoyo y comprensión en momentos difíciles.

La mujer, en general, entiende y acepta el mal genio, el mal carácter y las malas caras del marido. Por aquí, por allá, trata de ingeniárselas para salir del paso. Muchas veces, se toman los tragos amargos solas.

Por eso es importante organizarle o asignarle algunas tareas para hacerle más llevadero el ocio que le provocó la pérdida del empleo. En este punto también habría que hacer un esfuerzo por mantener la calma, ceder ante el cambio, y por un tiempo, permitir que el marido abra el refrigerador dos horas, revise el aseo y reclame por los desperfectos en que antes no reparaba. Pronto las aguas volverán a su cauce y esa experiencia intrahogareña también podría transformarse en algo valioso para el futuro.

Lo único que no es permitido es que accedas a llevar una vida miserable porque la otra persona no está realizando un esfuerzo mínimo para llevar una vida próspera. No aceptes relaciones vividoras, a menos que te sientas feliz con eso (en cuyo caso, tal vez te convendría hacerle una visita al psicólogo).

Si te pasas la vida quejándote porque tu "ex" te debe dinero, vives refunfuñando porque tu ex sigue trabajando contigo porque te da pena, eres la mujer que le resuelves todo a tu pareja, entonces simple y sencillamente aprende o busca ayuda para que no seas codependiente de una relación que no será próspera para ti. Comienza por amarte a ti misma primero que a los demás.

"Es una alegría cuando te compras algo con el producto de tu esfuerzo, de tu trabajo; le das un valor muy especial a ese artículo y lo cuidas más. Es muy satisfactorio mirar hacia atrás y ver todo lo que has podido lograr con tu trabajo. Eso te mantiene motivado a continuar superándote día a día. Pero siempre tienes que ver hacia adelante, debes de ponerte metas y dar tu mejor esfuerzo para lograrlas".

—Jaime Escandón
Empresario

"Se dice del matrimonio: 'Lo mío es tuyo y lo tuyo es mío'. La planificación financiera es sumamente importante en un matrimonio. Debe haber mucha comunicación entre la pareja. Tener conocimiento de cada movimiento y tomar juntos las decisiones financieras. Invertir, ahorrar, tomar decisiones inteligentes siempre en equipo, con todas las cartas sobre la mesa".

—*Karla Monroig*
Actriz

LA MUJER RICA HACE CAPITULACIONES MATRIMONIALES[12]

En la actualidad, muchas personas consideran que la palabra "capitulaciones" es sinónimo de separación de bienes durante un matrimonio. Sin embargo, esta suposición en ocasiones podría ser errada, pues el hecho de otorgar capitulaciones matrimoniales no necesariamente significa que los futuros cónyuges administrarán sus bienes por separado. Las capitulaciones matrimoniales son cualquier pacto, acuerdo o contrato irrevocable (definitivo) que una pareja (los futuros esposos) establece para acordar la vida o régimen económico de su matrimonio. Este contrato establece los términos y acuerdos específicos que regirán su vida como casados. A continuación te muestro algunos ejemplos de varios términos en el documento:

1. El esposo podría comprar una propiedad como individuo y la esposa no tendrá que firmar en los papeles del cierre.
2. Cuando el matrimonio cumpla cinco años de casado, la esposa tendrá derecho al cinco por ciento de las ventas totales del negocio de su esposo.
3. En caso de divorcio, el esposo no tendrá derecho a los activos de su esposa.
4. También puedes incluir una cláusula que disponga que cada uno de los esposos se hará responsable del pago de pensión alimentaria de los hijos o hijas nacidos antes o fuera del matrimonio; es decir, que no sean de ambos. Aunque parezca increíble, si no estableces las capitulaciones,

podrías tener que responsabilizarte de mantener a los hijos o hijas que tu esposo haya tenido en otra relación. Si la exesposa exige que consideren tu ingreso en el cálculo de la pensión, puede ser devastador para tu relación.

El noviazgo es una etapa muy bonita, pero aunque pueda parecer poco romántico lo que voy a explicar, el matrimonio es un nuevo contrato económico que se establece entre las partes y que tiene dramáticas consecuencias judiciales. Cuando las personas se casan sin antes otorgar capitulaciones matrimoniales, sus vidas económicas están gobernadas por el régimen llamado Sociedad Legal de Bienes Gananciales. Bajo este régimen, todos los bienes adquiridos por cualquiera de los cónyuges (esposos) durante el matrimonio, hasta las deudas, les pertenecen y son responsabilidad de los DOS.

Hoy día hay una tendencia mayor de parejas que deciden hacer capitulaciones matrimoniales. Esto se debe a que las parejas modernas prefieren mayor grado de independencia económica.

Ahora no es solo el esposo quien lleva el ingreso a la casa. En estos tiempos, muchas mujeres juegan un papel muy importante al generar considerables ingresos para la familia. Con el régimen de las capitulaciones matrimoniales, cada esposo es dueño o dueña de los bienes o dinero que adquiera durante el matrimonio. También, cada esposo es responsable de sus propias deudas. En resumen: "lo tuyo es tuyo y lo mío es mío".

Ahora bien, las capitulaciones matrimoniales no impiden que la pareja, después de casarse, pueda adquirir propiedades o realizar negocios conjuntamente. Aun con capitulaciones, bajo circunstancias especiales, la pareja puede hacer negocios en conjunto. Simplemente se debe establecer con anterioridad el por ciento de participación de cada esposo. Por ejemplo: Si van a comprar una propiedad en conjunto, se debe establecer que "en compras de propiedades en conjunto, los esposos tendrán igual por ciento de participación (cincuenta por ciento y cincuenta por ciento). Además, se deberá especificar cómo cada uno de ellos participará, tanto en la adquisición como en la administración de dicha propiedad.

Este contrato de separación de bienes supone que cada miembro de la pareja debe contribuir a sufragar los gastos de la familia en proporción a sus respectivos recursos económicos. Es decir, si uno trabaja y el otro no, quien trabaje se responsabilizará económicamente del segundo.

¿Puedes modificar las capitulaciones matrimoniales luego de que se otorguen?

Solamente puedes modificar las capitulaciones matrimoniales antes de contraer matrimonio. Luego de que contraigas matrimonio, bajo ninguna circunstancia podrás modificar (cambiar) los acuerdos. El contrato de capitulaciones es inmutable (fijo – no varía) y una vez te casas no puede ser alterado, o modificado y sus términos son vinculantes (o sea, que son obligados) para los esposos.

Las capitulaciones matrimoniales tan solo pueden ser otorgadas antes de que contraigas matrimonio. Por lo tanto, tan solo pueden ser modificadas antes de casarte.

Sociedad de Bienes Gananciales

En la Sociedad de Bienes Gananciales todas las ganancias y beneficios obtenidos por cualquiera de los esposos son propiedad de ambos por partes iguales. Estas ganancias o beneficios son administrados por ambos conjuntamente y sirven para hacer frente a todos los gastos familiares. Sin embargo, ambos deben estar de acuerdo para vender, adquirir y gestionar bienes en común. Esto incluye dinero, inversiones, cuentas bancarias, entre otros.

Es de suma importancia que la pareja haga una lista de sus deudas antes del matrimonio. Si te casas bajo la Sociedad de Bienes Gananciales, será responsabilidad de los dos las deudas contraídas por ambos.

Significa que no puedes adquirir un bien (ya sea una casa, un automóvil, prendas, etc.) que sea de tu propiedad exclusivamente. Todo lo que ambos adquieran y todas las deudas en las que incurran, aunque alguno de ustedes no haya firmado documento alguno, les pertenecerán a los dos.

También debes saber que algunos bienes son de carácter privativo (los que contrajeron antes de contraer matrimonio y los que adquirieron por herencia o donación).

Si el padre de tu esposo (tu suegro) muere y deja una propiedad, esa ganancia de la propiedad no te incluye a ti como esposa. Estos bienes son "privados" y no se dividen en la Sociedad de Bienes Gananciales.

Las Sociedades Gananciales se pueden disolver por lo siguiente:

- Por divorcio.
- Por muerte de uno de los cónyuges (esposos).
- Por declaración de nulidad (el matrimonio es nulo, se invalida por alguna causa).
- Por declaración judicial de separación de los cónyuges.
- Si haces capitulaciones matrimoniales.
- Por que lo decida un tribunal.

En caso de disolución de este régimen, se debe hacer un inventario de todos los bienes gananciales y estos se liquidan (después de pagar las deudas existentes), repartiéndose entre los esposos por partes iguales. Debe cambiarse la titularidad de dichos bienes tras la disolución. Si la propiedad donde vivían era de ambos, después de la disolución de la Sociedad de Bienes Gananciales, la propiedad debe pertenecer y estar inscrita solamente por uno de los esposos (a quien le corresponda según lo estipulado en la Demanda de Divorcio).

La mujer rica que no hace este cambio de inscripción de inmediato corre el riesgo de que su excónyuge solicite de forma fraudulenta un préstamo nuevo (Refinanciamiento) contra esa propiedad. Aunque las leyes son claras y protegen a los consumidores, ¿qué pasaría si este nuevo préstamo, ese refinanciamiento se completa sin que tú te percates de ello y tu excónyuge deja de pagar la propiedad? Primero, es obvio que te daña tu crédito inmediatamente y al final te quedas sin ninguna ganancia de esa propiedad. Y aunque lo más probable es que en un caso tan drástico como este, la ley falle a tu favor, lo cierto es que para aclarar el asunto tendrás que invertir recursos económicos y mucha energía, lo que de todos modos supondrá una pérdida para ti.

"El dinero es más que un papel o una moneda; es una energía con la que tenemos que aprender a relacionarnos. Si pensamos que el dinero es malo, jamás disfrutaremos de su abundancia. Como toda energía, necesita movimiento constante. Quien intente detener su movimiento, acaparándolo, derrota su propia naturaleza".

—Silverio Pérez
Autor del concepto 'Humortivación', del que ha publicado varios libros.

LA MUJER RICA

SELECCIONA EL MEJOR RÉGIMEN ECONÓMICO CON SU PAREJA[12]

¿Qué régimen económico es el más adecuado?

El régimen económico matrimonial más adecuado es aquel que se adapte a la situación particular y necesidades de los esposos. Solo recuerda que aquellos que no hagan unas capitulaciones matrimoniales, si se divorcian, se aplicará el régimen de Sociedad de Bienes Gananciales. Esto no significa que este plan sea el más idóneo en todos los casos, sobre todo si la decisión del divorico es tomada por una de las partes solamente.

> *Si contraes matrimonio y no haces capitulaciones matrimoniales, en caso de divorcio a ambos esposos les tocará dividir por partes iguales. Si tú fuiste la persona que aportó más económicamente en tu casa, debes saber que el monto de la propiedad se dividirá en partes iguales y puede que eso no sea justo para ti.*

Imagínate que tienes un negocio propio que te ha costado toda una vida lograr que sea exitoso y solamente tú eres responsable de ese éxito. Sin embargo, te divorcias y tu esposo se queda con la mitad, cuando posiblemente él ni sabe cómo manejar el negocio. Entonces, no te quejes ni digas... "mi ex se quedó con todo y nunca visitó ni el negocio", pues antes de casarte tuviste alternativas para proteger tus bienes.

Por otro lado, si tu esposo tiene un negocio, procura ser partícipe de su éxito, o sea, asegúrate de saber cómo se administra la empresa, quiénes son los proveedores, en fin, debes sentir la seguridad de que si tú y tu esposo se divorciaran mañana, tú serías capaz de seguir con las riendas del negocio.

No seas dependiente y elije ser una socia educada en los aspectos más importantes de la empresa. En caso de un divorcio, por lo menos, tendrás una idea de cómo se manejan los negocios de la casa.

El divorcio es doloroso a cualquier edad y hace que te replantees varios asuntos: tu vida en relación a tus ideales, tus valores y creencias, así como los nuevos rumbos que proyectas para tu vida. Cómo lo vivimos las mujeres: ¿Te parece que la sensación es que se nos cae el mundo encima?

Para algunas mujeres ese sentimiento de pérdida suele ser muy fuerte. Lo que ocurre es que en realidad el mundo que le era conocido (la rutina, la familia) hasta ese momento, se desvaneció dando lugar a la incertidumbre que tiene lo desconocido. Aun más, si el divorcio es conflictivo o destructivo, esta sensación tan dolorosa se agudiza.

¿Qué pasa si tu marido se va con otra mujer? En estos casos, por lo general la angustia se hace insoportable, porque además de la indignación de haber sido engañada, si no has tenido una participación activa en la vida económica de tu matrimonio, de seguro, te enfrentarás a una situación financiera que suele verse deteriorada de forma drástica, lo que te podría dejar a las puertas de una quiebra o bancarrota tanto emocional como económica (terrible combinación). Después de veinte y tantos años de compartir la vida con tu marido, te preguntas: "¿Por qué a mí?". Sin embargo, la pregunta debería ser: "¿Por qué no habría de pasarte?". ¿Qué nos hace pensar que estaríamos libres de esta posibilidad?

Vivimos de manera tan acelerada, abrumadas por tantas responsabilidades, preocupándonos por el día a día, que nos olvidamos de darle prioridad a los asuntos que deberíamos darle prioridad y entre ellos se encuentra nuestra vida financiera.

Ahora bien, cuando ya no hay vuelta atrás, la frase más comentada entre tus amigas es: "mi exmarido es el culpable de mi fracaso financiero". Convendría que te preguntaras: "¿Cómo puedo evitar ese deterioro financiero?".

Muchas mujeres se desahogan en las plataformas sociales y emplean estrategias de "víctimas" y centran su atención en dejarle saber al mundo el "fracaso" en el que se les convirtió la vida por la maldad de su exesposo. Sin embargo, te invito a que te preguntes con toda honestidad: "¿Será esa la realidad?". Sé que suena duro de tragar, pero te conviene atreverte a mirar esa posibilidad.

La mujer rica se enfrenta a esa realidad con sus aspectos positivos y negativos. No recomiendo el divorcio, pero tampoco podría recomendar sostener una relación cuando ya no da para más. Entonces debemos estar educadas y preparadas de antemano para la eventualidad de que se nos presente una situación así. Es como prevenir los desastres de un huracán categoría 5 que no sabemos si llegará, pero ante la probabilidad de que pase por el Caribe y nos azote con su destrucción, es mejor hacer nuestros planes de contingencia. Si tenemos las tormenteras disponibles, de seguro, los daños serán menores.

Pero la vida sigue. Así que te sugiero que asumas esta etapa con responsabilidad. Es mejor no huir ni tapar agujeros.

Aprende desde hoy que puedes seguir adelante con tu casa, con tu negocio, con tus hijos o hijas y que no es el otro el que te hace feliz ni el que te da la prosperidad. Tienes que reafirmarte y respetarte para que el día de mañana no tengas que reprocharte nada. Para mí, en esto radica la libertad.

Establece reglas básicas durante el matrimonio donde tú seas partícipe de la economía del hogar, aun cuando seas ama de casa. Trata de ser tú quien elabores y mantengas el presupuesto de la casa y aprende a estructurar al máximo la economía del hogar. No permitas que tu pareja "se encargue" de todo lo de la casa, sobre todo en lo que respecta a los asuntos financieros.

Naturalmente, nadie inicia una relación sentimental con la intención de que el proyecto de vida culmine en la petición de divorcio por parte de alguno de los esposos. No obstante, conviene que no creas mucho en la frase "hasta que la muerte nos separe". Es una realidad que las estadísticas de divorcios en el mundo, son cada vez mayores. Por lo tanto, para muchas personas, el contrato de capitulaciones matrimoniales puede ser una excelente alternativa y podría evitar pleitos relacionados con la desagradable división de bienes en caso de un divorcio. Muchos tienen la idea errónea de que quienes realizan este trámite son personalidades públicas ligadas al ambiente de la farándula, de la política o de los deportes, o personas de alto poder adquisitivo. Pues nada que ver. Al presente, son muchos los "juan del pueblo" que antes de dar el sí a los pies del altar o ante el juez, deciden que la sociedad de bienes gananciales no es para ellos. Así que, si el matrimonio está en tus planes, piensa en las capitulaciones y así evita involucrarte en litigios innecesarios.

Una vez identificadas las partes, o sea –el esposo y la esposa– además del abogado que las escribe y da fe de las mismas, se procede a escribir las cláusulas. Aquí les menciono algunos ejemplos:

----------------CLÁUSULAS----------------
----**PRIMERO**: El régimen económico del matrimonio es el de absoluta separación de bienes, teniendo y conservando cada cónyuge el dominio, administración y disfrute de aquellos cuya titularidad ostente, y haciendo suyos los frutos y rentas de sus bienes y los que obtenga de su trabajo o por cualquier título o consecuencia de su actividad personal. Esto quiere decir, lo mío será mío y lo tuyo será tuyo.---
----**SEGUNDO**: En ningún caso los bienes de uno de los cónyuges responderán de las deudas, obligaciones y responsabilidades contraídas por el otro ni derivadas de cualquier actividad del mismo, aunque ésta redunde en beneficio de la familia, salvo el caso de que expresamente uno de ellos avale o afiance al otro.------------------------------
----**TERCERO**: Todas las cargas del matrimonio serán satisfechas por ambos cónyuges en proporción a sus respectivos ingresos.----

Esto son solo ejemplos de algunas cláusulas. La mujer rica debe guiarse al seleccionar las capitulaciones eligiendo el régimen económico más adecuado para el interés de la familia.

"Recibir una herencia puede ser el empujón que te da el universo para desarrollar tu habilidad financiera y asegurar tu futuro".

—Lourdes del Río
Periodista

LA MUJER RICA HACE SU TESTAMENTO[13]

Recuerdo que este era uno de los temas más difíciles de tratar con mi madre porque implicaba hablar y reconocer que habría una muerte, o sea una ausencia que nos causaría mucho dolor. Sin embargo, es importante tener estas conversaciones con nuestra pareja, porque ciertamente si el causante otorga un testamento antes de morir, la herencia se divide conforme lo dispuso el causante en el testamento y el proceso es mucho más fácil.

Los que han tenido que pasar por el proceso de una herencia donde no se otorgó un testamento saben que tienden a tomar bastante tiempo ya que implican no tan solo la división de una diversidad de bienes, sino también usualmente conllevan una carga emocional bien grande entre las partes. En la mayoría de las ocasiones los herederos no conocen sus derechos y eso puede provocar sentimientos encontrados en la familia.

¿Cómo se divide una herencia?

La manera en que se va a dividir una herencia depende de si el causante (la persona que falleció) otorgó un testamento o no. Es así de simple. Por eso es importante que seamos responsables con la familia y con nuestros hijos porque en definitiva lo único que tenemos seguro es la muerte.

Si el causante otorgó testamento, la herencia se divide conforme lo dispuso el causante en el testamento. Para que ello pueda surtir efectos legales es necesario que el testamento sea válido. Es decir, que se haya otorgado en cumplimiento con las disposiciones legales aplicables.

Ahora bien, si el causante no dejó testamento, la herencia se divide entre los herederos forzosos del causante. Es decir, sus descendientes y a falta de éstos, sus ascendientes. ¿Qué significa esto? Si el causante no tiene descendientes vivos ni ascendientes vivos, el heredero lo será el cónyuge viudo; y a falta de éste, lo serán los hermanos del causante y sus sobrinos. A falta de éstos, heredan los demás parientes colaterales; y a falta de éstos, el gobierno tomará posesión de los bienes.

¿Qué gestiones se tienen que efectuar para la división de la herencia si no hay testamento?

Cualquiera de los herederos tiene que presentar en el tribunal una solicitud de Declaratoria de Herederos. Muchos escuchan la palabra Declaratoria de Herederos y piensan en un proceso tedioso, complicado y costoso. Sin embargo, es importante analizar cada caso en particular. La Declaratoria de Herederos es simplemente el procedimiento de herencia que se lleva a cabo cuando una persona fallece sin haber dejado testamento. El propósito de este proceso, es identificar y hacer constar quiénes son todas las personas con derecho a recibir una herencia, que constituye todos los bienes y las deudas del causante.

Para realizar la Declaratoria de Herederos es necesario redactar un escrito llamado Petición, que se presenta en el tribunal correspondiente, junto con los siguientes documentos:

1. Certificado de Defunción de la persona fallecida.
2. Certificado de Matrimonio, si se encontraba casado (a) al momento de fallecer.
3. Certificados de Nacimiento de cada uno de los herederos.
4. Un reporte detallado de la relación de los bienes dejados por la persona fallecida.
5. Certificación negativa de deuda de impuestos.
6. Número de Seguro Social de la persona fallecida.

Este procedimiento se efectúa con el propósito de que el tribunal declare quiénes son los herederos del causante. La resolución que emite el tribunal es la que se utiliza para efectuar todos los trámites necesarios para la división de la herencia.

Una vez se presentan los documentos en el tribunal, un juez tendrá la potestad de verificar dichos documentos junto con la petición presentada y emitir una resolución, acreditando quiénes son los herederos legales del causante. Además, se debe presentar ante el tribunal una Planilla de Caudal Relicto de cada causante, haciendo constar un desglose detallado de todos los bienes muebles e inmuebles que aparezcan a su nombre al momento del fallecimiento. La planilla es un documento en el que se incluye la totalidad de los bienes poseídos a la fecha de su fallecimiento. Una vez se recibe y examina dicha planilla, se expide lo que se conoce como relevo o una autorización de parte del gobierno para dividir los bienes de la persona que falleció.

Una vez se obtiene la Resolución de la Declaratoria de Herederos y el correspondiente Relevo, se puede preparar un tercer documento llamado Instancia. Dicho documento, que también deberá preparar su abogado (a), se presenta en el Registro de la Propiedad correspondiente, con el propósito de hacer el traspaso de los bienes que constan a nombre del causante para que pasen a ser inscritos a nombre de todos los miembros de la sucesión, o sea, de los herederos.

Es importante saber que para poder vender, ceder, donar o realizar cualquier negocio válido con bienes heredados, es necesario realizar este proceso de herencia con anterioridad. De esta forma, los herederos podrán comparecer y firmar como dueños de los bienes objetos del negocio. De tratarse de una propiedad inmueble, ésta podrá ser inscrita sin mayores inconvenientes en el Registro de la Propiedad a nombre del que compra.

Estamos viviendo en el Siglo XXI y ya las familias no se reparten sus herencias de forma verbal.

> *La mujer rica evita dificultades entre los herederos, pues muchas veces el que menos uno se piensa, es el que más exige. Ese tío, ese hermano, ese sobrino, ese nieto que nunca estuvo presente en la vida del que falleció, de repente aparece para cobrar su "chequecito" —y ni al entierro llegó.*

He tenido la experiencia de estar presente en reparticiones de herencia, en las que he sido también la albacea testamentaria, o sea, a quien le compete por derecho cumplir la voluntad del testador (de la persona que ha muerto) y he podido observar que es bien difícil para otras personas allegadas al testador entender por qué el testador deja esas funciones de extrema confianza a esa sola persona. Aunque esa persona se designa, para que en efecto, no haya dificultades en el proceso de la división de la herencia, es muy problable que si la familia tiene sentimientos encontrados con la forma en que el testador repartió su herencia, el albacea sea visto con sentimientos negativos.

Las funciones de un albacea son:

- Atender a la inhumación del testador, o a su incineración si lo hubiese dispuesto así.
- Ejercer las acciones judiciales y extrajudiciales para garantizar la seguridad de los bienes hereditarios.
- Hacer inventario judicial de los bienes que constituyen la herencia, obviamente con citación de los herederos, legatarios y acreedores de quienes tenga conocimiento.
- Administrar los bienes de la herencia que no hayan sido adjudicados por el testador, hasta que sean entregados a los legatarios o herederos.
- Pagar las deudas y cargas de la herencia, con conocimiento de los herederos.
- Vender los bienes hereditarios en cuanto sea indispensable

para pagar las deudas de la herencia y los legados.

- Procurar división y partición de la herencia.
- Cumplir los encargos especiales del testador (si hubiera alguno).
- Sostener la validez del testamento, si hay juicio de impugnación entre las partes. O sea, si algún heredero no está de acuerdo con el testamento, el albacea sostiene y confirma que en efecto esos fueron los últimos deseos del testador.

Estas funciones son de mucha importancia, por lo que debes pensar desde ahora quién podría ser la persona de confianza que sería tu "albacea testamentaria". Este proceso debe ser uno rápido porque he visto que en la mayoría de los casos, han pasado varios años del fallecimiento del causante y lamentablemente algunos herederos han fallecido o se encuentran incapacitados para heredar. Entonces, un proceso que era de fácil solución en su momento, con el tiempo se torna en un caso más complicado.

La ley establece que cualquier heredero está en todo su derecho de reclamar su herencia en cualquier momento luego del fallecimiento del causante. Ningún heredero puede disponer de propiedades o bienes a su conveniencia privando a los demás de recibir lo que por ley les corresponde. En el caso de que uno de los herederos tenga el deseo de retener un bien para sí, deberá pagar a los demás herederos la participación correspondiente.

Una herencia debe verse como un regalo por parte de un familiar cercano y nunca debe ser motivo de pleitos ni diferencias entre familiares. Las familias no se pueden dividir por una herencia. A fin de cuentas, el que deja la herencia fue el que decidió (si es testada) otorgar sus bienes a quienes se lo merecen, según su esquema de valores.

Por otro lado, recuerda que si el causante estaba casado cuando falleció, y no había contraído matrimonio con capitulaciones matrimoniales, la mitad de todos los bienes y todas las deudas le pertenecen a su viudo o viuda y dicha mitad no forma parte de la herencia. Además, los legatarios heredan tanto los bienes como las deudas. Por lo tanto, son responsables de pagar cualquier deuda existente. Otro punto importante es que el testamento es indispensable si interesas instituir como heredero a alguien que no heredaría si no otorgas testamento o si quieres beneficiar a alguno de tus herederos forzosos. O sea, si deseas que un amigo reciba algún beneficio de tu herencia, es mejor que lo estipules en tu testamento pues de otra manera, no recibiría ningún beneficio.

Existen varios tipos de testamentos:

1. El testamento abierto - Dicho testamento se otorga frente a un notario y tres testigos que te conocen, son mayores de edad, saben leer y escribir y entienden lo que hablan. En dicho testamento, el notario te orienta y se asegura de que tu intención cumple con los requisitos legales en cuanto a contenido y forma, y que al distribuir tus bienes estás reconociendo el derecho de tus herederos forzosos. Tanto los testigos como el notario se enteran de tu voluntad y del contenido del testamento.

2. El testamento cerrado – En este tipo de testamento, interviene un notario y se requiere la presencia de cinco testigos, pero ellos no se enteran de tu voluntad pues haces entrega de la misma en un sobre cerrado y sellado.

3. Si eres mayor de edad, puedes otorgar un testamento ológrafo, en el que escribes de tu puño y letra, con la indicación de la fecha (día, mes y año) cómo deseas que se dividan tus bienes. El testamento solo es válido si lo escribes de tu puño y letra. No puedes escribirlo en computadora. Tiene que estar firmado por ti. Además, no debe contener tachaduras. Si necesitas tachar algo, tienes que firmar o poner tus iniciales al lado de la tachadura. Es importante que firmes el testamento y se lo entregues a alguien de tu entera confianza.

Para que dicho testamento tenga efecto, tiene que cumplir con los requisitos de forma y posteriormente tiene que presentarse al tribunal. Después de la muerte del testador se tiene que presentar ante el tribunal un procedimiento de adveración en el que se tiene que acreditar la validez del mismo, incluyendo el testimonio de tres testigos que conozcan la letra y la firma del testador y que no tengan dudas de que el testamento fue escrito por el testador. Este procedimiento se tiene que ejecutar en un plazo no mayor de cinco años después del fallecimiento del testador, y si ello no se cumple, el testamento caduca y no es válido.

La mujer rica sabe que el testamento es el mejor mecanismo para garantizar que se cumplan las decisiones sobre el futuro de sus bienes cuando fallezca.

Protege a tus dependientes, tu pareja, tus hijos y familia, y si tienes tu vida organizada hasta en este punto, de seguro el futuro de tu familia será próspero.

Uno de los aspectos más importantes en un testamento es exponer que ese será el primer y único testamento que va otorgar y preparar, por lo que será el único válido, y si apareciere otro, de cualquier forma no sería verdadero ni válido. Aunque puede parecer insólito, he visto casos donde la persona ya convaleciendo es obligada a escribir los deseos de algún familiar, y no necesariamente corresponden a la voluntad del testador. Por lo que su testamento debe aclarar que es su última y verdadera voluntad. A continuación comparto algunos ejemplos que pueden servir de modelo para la redacción de tu testamento:

----PRIMERO: Como legado, y para que quede fuera del total de la repartición del resto de la herencia, le dejo el automóvil X a mi hija mayor, [Fulana de Tal] y los bienes de uso personal como el televisor, radios, neveras, muebles, libros a su hermano menor.----
----SEGUNDO: Mi ropa y mis zapatos y demás efectos de uso personal podrán ser repartidos entre todos los hijos.----------------

Piensa en todos los bienes que posees y utilizando el modelo que te presento sigue distribuyendo su repartición como así lo desees.

----TERCERO: Con respecto al dinero y otras cuentas por cobrar, cuentas de ahorro, de cheques, etc. es mi deseo que se distribuyan de la siguiente forma:--------------------------------
----1. Mi hija, el cincuenta por ciento----------
----2. Mi hijo, el veinte por ciento---------------
----3. Mi madre, el treinta por ciento-----------
----CUARTO: Mi propiedad en la dirección: ________________ le corresponderá a mis dos hijos en partes iguales.------------------------

El testador debe hacer una lista de todos sus bienes y orientarse con un abogado, quien servirá para dar fe por ley de que el testador firmó ese testamento en su presencia. Si haces este trámite legal, asegúrate de que te entreguen copia del testamento y que la persona que designes como "albacea" sepa dónde conseguir el testamento después de tu fallecimiento.

ANALIZA CADA PASO QUE HACE EN CUANTO A LAS QUIEBRAS[14]

Otro de los temas importantes en lo que respecta a la libertad financiera es inevitablemente las quiebras. Has escuchado o leído el siguiente anuncio: "¡Su consulta es GRATIS!... Si está endeudado y no cesan las llamadas de sus acreedores, nosotros podemos ayudarle".

La Ley de Quiebras es una legislación social diseñada para ayudar a individuos con problemas económicos a reorganizarse o hasta eliminar ciertas deudas. La Ley de Quiebras está diseñada para darles a esas personas una oportunidad de comenzar nuevamente al relevarles del pago de algunas o de todas sus deudas.

Dependiendo de los ingresos, o la falta de los mismos, un individuo se puede acoger a la protección de Ley de Quiebras utilizando diferentes Capítulos, mayormente el Capítulo 7 (Liquidación) y el Capítulo 13 (Reorganización). La radicación de un caso bajo la protección de la Ley de Quiebras detiene inmediatamente las gestiones de cobro de acreedores, las ejecuciones de hipotecas, las demandas de cobro, los embargos, las reposesiones y el cobro de intereses de sus tarjetas de crédito. Además, podría lograr la restauración de sus finanzas al crear un plan de pago, tomando en cuenta sus necesidades básicas primero (agua, luz, compra, casa, etc.).

La Ley de Quiebras

- Protege tu casa y automóviles

- Evita embargos
- Detiene las llamadas y cartas de cobradores
- Detiene subastas y reposesiones de automóviles
- Puede eliminar todos los balances e intereses de tarjetas de crédito y préstamos de financieras
- Te permite hacer un plan de pago mandatario para los acreedores
- Permite pagar atrasos de la casa, automóvil o pensión alimentaria

---

El Capítulo 7 es la liquidación total de las deudas de un individuo. Hay ciertas deudas, como la hipoteca de una casa, entre otras, que no son anuladas (eliminadas), pues son garantizadas por un activo. O sea, que a pesar de este recurso, podrías perder tu propiedad. Si interesas retener alguna propiedad como tu hogar o automóvil con gravámenes, y los pagos están atrasados, probablemente el Capítulo 7 no sea la mejor alternativa para ti. Esto es así porque en el Capitulo 7 el acreedor hipotecario de tu hogar, o el banco que te financió tu automóvil, retiene el derecho de reposeer la propiedad para cubrir tu deuda si no la pagas. Probablemente sea mejor alternativa entonces el Capítulo 13 para pagar los atrasos.

El Capítulo 13 es la reorganización, es como un plan de pagos que te permite proteger tus bienes. La cantidad que tienes que pagar, y el periodo de tiempo para hacerlo, variarán de acuerdo a la cantidad que adeudas, a tu capacidad para pagar las deudas, y otros factores. Me atrevería a decir que es el recurso más utilizado porque permite salvar la casa y los automóviles. En este tipo de quiebra, tu propiedad típicamente no se vende; la conservas, siempre que cumplas con los términos del plan de pagos. Es utilizado comúnmente por negocios y algunos individuos con un alto volumen de deudas. Debes tener ingreso suficiente para cubrir tus necesidades y pagar los pagos requeridos según se venzan. Si tienes algún préstamo hipotecario debes continuar con los pagos prospectivos. El banco hipotecario está obligado a aceptar los pagos y cobrar el atraso acumulado en el plan de pago.

Debes considerar utilizar el Capítulo 13 cuando:

- Eres dueña de tu hogar y hay peligro de perderlo por dificultades económicas.
- Estás atrasada en tus pagos, pero podrías pagar si se te permite algún tiempo.
- Tienes alguna propiedad de valor que no está exenta pero podrías pagar a tus acreedores con tu ingreso si te dan el tiempo suficiente.
- Interesas proteger codeudores (puede ser el jefe en tu trabajo o un amigo o familiar cercano que te haya dado su firma para garantizar el pago de un préstamo y no quieras meterlo en problemas).

Los Capítulos 7 y 13 pueden ser radicados por un individuo, y si es casado, los miembros de la pareja pueden radicarlo conjuntamente. Hay ciertas restricciones en cuanto al ingreso medio por familia en varios lugares. Si te aplican dichas consideraciones, tendrás que radicar un Capítulo 13.

¿Qué puede hacer una quiebra por ti?

1. Una quiebra puede relevarte de tu obligación legal de pagar todas o muchas de tus deudas; es lo que se conoce como el relevo. El propósito es permitirte un nuevo comienzo.
2. Una quiebra puede detener la ejecución de la hipoteca de tu residencia y permitirte la oportunidad de pagar el atraso. No elimina la hipoteca como tal u otros gravámenes, pero te brinda la oportunidad de pagar tus atrasos hasta dentro de los próximos cinco años.
3. Una quiebra puede prevenir la reposesión de tu automóvil u otra propiedad.

4. Una quiebra puede detener el embargo de salarios, el hostigamiento y otras prácticas de los cobradores; puede restaurar o prevenir la terminación de servicios tales como agua, energía eléctrica, teléfono; puede permitir defenderse de reclamaciones que no aceptas adeudar; puede proteger a tus codeudores mientras estás en el proceso de quiebra.

¿Qué no puede hacer una quiebra por ti?

1. Una quiebra no puede resolver todos tus problemas financieros y no es necesariamente la solución correcta para todos los individuos.
2. Una quiebra no puede eliminar ciertos derechos de acreedores asegurados o garantizados. Estos acreedores son los que tienen una hipoteca, gravamen o garantía en alguna propiedad como por ejemplo las hipotecas de hogares y los préstamos de automóvil. Debes orientarte con tu banco para saber si esto te aplica y verificar cuáles serían esos derechos.
3. Una quiebra puede obligar a los acreedores de hipotecas de hogares y los préstamos de automóvil a obtener pagos a través del proceso de quiebra, pero no puede eliminar su obligación de pagarlas pues la persona que radica la quiebra puede perder la propiedad en garantía si no paga.
4. Una quiebra no te permite retener la propiedad en garantía a menos que continúes con los pagos.
5. Una quiebra no te va a relevar de ciertas deudas a las que la ley provee trato especial como por ejemplo pensiones alimenticias, algunas deudas relacionadas al divorcio, muchos de los préstamos estudiantiles, restitución ordenada por un tribunal, multas en casos criminales y algunas contribuciones.
6. Una quiebra puede proteger a los codeudores mientras la deuda sea pagada en la quiebra, pero de no hacerlo y obtener un relevo de una deuda con codeudor, la persona en cuestión

podría ser responsable de toda o parte de la deuda. Luego, cuando tu situación económica te lo permita, podrías pagarle a tu codeudor lo que esa persona pagó por ti.

7. Una quiebra solo te protegerá de las deudas que tengas al momento de radicar la quiebra, no obtendrás relevo de las deudas incurridas después de radicar la quiebra.

No tomes decisiones apresuradamente, pues una quiebra puede perjudicar tu historial de crédito por muchos años (puedes ver más detalles sobre este tema en el capítulo correspondiente al Crédito). Aunque, puede ser que la quiebra sea realmente tu mejor solución, si es así, aprovecha esa oportunidad para volver a comenzar y estructurar tu vida financiera. He visto muchos casos en los que fue posible obtener –en menos tiempo de lo que se imaginaban– la posibilidad de volver a obtener otros créditos (o sea, que les aprobaran préstamos nuevamente). Sin embargo, eso va a depender de cada caso, del grado de responsabilidad que la persona demuestre y de cómo el banco donde fue solicitado el crédito pueda evaluar el riesgo de su solicitud.

Si vas a reunirte con tu abogado para dialogar sobre una posible quiebra, debes contestarte las siguientes preguntas:

1. ¿Qué clase de deudas te están causando problemas?
2. ¿Qué activos, dinero, capital importante posees?
3. ¿Cuáles son tus metas al declararte en quiebra?
4. ¿Cómo se organizaron las deudas? ¿Están garantizadas?
5. ¿Estás a punto de una ejecución de la hipoteca?
   a. Debes ser muy sincero respecto a tu situación económica y tomar decisiones acertadas. La quiebra es un asunto importante. Por ley, las agencias de crédito pueden reportar la quiebra por un plazo de diez años. Por supuesto, eso significa que el Capítulo 7 afecta el crédito por diez años. Aunque siete o diez años suena como mucho tiempo, lo cierto es que a medida que pasan los años, la quiebra tiene menos efecto.

Reorganizando tus finanzas y pagando de forma adecuada, podrías tener un crédito decente dentro de un plazo de uno a dos años nuevamente. Recuerda también que una vez que una quiebra se completa, para efectos de la puntuación creditica, el evaluador de crédito analiza tu comportamiento de pago por los últimos dos años y eso va a ser muy significativo para ti, aun cuando tu puntuación crediticia no sea la más ideal. Si tu historial de pagos es muy bueno después de la quiebra, entonces los evaluadores de crédito partirán de la premisa de que debes ser alguien que realmente merece tener un buen crédito, pero tuviste una desafortunada serie de eventos que te impidieron pagar a tiempo. Por lo tanto, si se siguen manteniendo los pagos a tiempo, tu puntuación mejorará rápidamente.

"Los emprendedores promedian 3.8 fracasos antes de alcanzar el éxito. Lo que diferencia a los que tienen éxito es su extraordinaria persistencia".

—*Lisa Amos*

LA MUJER RICA

CONSTRUYE Y CUIDA SU CRÉDITO(15)

Hace más de cinco años quedé embarazada y por ciertas condiciones relacionadas a mi embarazo los médicos me recomendaron mantenerme en absoluto reposo por casi siete meses. No fue muy fácil para mí, pero fue necesario para tener a mi hermosa hija Allegra Valentina. Aunque tenía reservas económicas suficientes como para doce meses, esa cantidad no fue suficiente para salvar lo que hasta entonces había construido. Perdí los dos apartmentos que poseía en ese momento, mi carro y, por supuesto, mi crédito. Construir mi crédito nuevamente fue similar a perder peso: conllevó tiempo, pues no existe una manera rápida de lograr que se reestablezca en poco tiempo. De hecho, de todas las formas que existen para mejorar un puntaje de crédito, las iniciativas de reparación rápida son las más propensas a fracasar, por lo tanto ten cuidado con cualquier consejo que prometa mejorar tu puntaje de crédito inmediatamente. No fue hasta el año pasado, o sea cuatro años después, que finalmente pude comprar un automóvil de nuevo. Desde entonces, vivo enfocada en reconstruir mi crédito y trato de administrarlo de manera responsable.

Un informe de crédito es un espejo de nuestras vidas. Es un documento que sugiere que si te has comportado responsablemente con tu crédito en el pasado, lo más probable es que vuelvas a ser responsable en el futuro. Es un reporte de tus actividades crediticias diarias. Enumera las cuentas de tarjetas de crédito, cuentas bancarias o préstamos que tienes, los balances adeudados y la regularidad de tus pagos. También muestra si se ha tomado alguna acción en tu contra debido a cuentas que no se han pagado.

¿Quién publica un informe de crédito? (*Fair Credit Reporting Act*)

Bajo la Ley de Informe Justo de Crédito existen compañías que monitorean la información de tus actividades de crédito, la almacenan en bases de datos gigantes y cobran un honorario para proveer la información a quienes se la soliciten. Las tres oficinas de crédito principales son Experian, Equifax y TransUnion.

¿Alguna vez te han comentado: "Su préstamo no ha sido aprobado porque su *score* está muy bajo"? La mujer rica se orienta y verifica cuál es su *score* o puntuación crediticia antes de solicitar algún préstamo.

Una buena puntuación crediticia te ayudará a alcanzar tus metas financieras. Por el contrario, una baja puntuación crediticia te limita tus oportunidades financieras.

Las agencias de crédito pueden proporcionar la información únicamente a:

- Acreedores potenciales.
- Empleadores o patronos (para el empleo, la promoción, la reasignación, o la retención).
- Compañías de seguros.
- Cualquier agencia de gobierno.
- Una agencia que hace cumplir con compromisos estatales o locales de pensión alimenticia para niños.
- Por orden judicial.
- Algunos grupos que están considerando tu solicitud para darte una licencia o un beneficio gubernamental.
- Alguien que tiene tu autorización escrita para obtener tu informe de crédito.
- Sitios en la web.
- Empleados en las tiendas.

¿Qué información se incluye en tu informe de crédito?

- **Información personal** – Incluye tu nombre, dirección actual y más reciente, número de Seguro Social, fecha de nacimiento, y empleadores actuales y anteriores.
- **Historial de crédito** – Detalles de las cuentas de crédito que se han abierto a tu nombre, o que te incluyen como un usuario autorizado (como la tarjeta de crédito de tu cónyuge). Incluyen la fecha en que se abrió la cuenta, el límite de crédito o la cantidad del préstamo, las condiciones de pago, el saldo y una historia que muestra si has pagado o no a tiempo la cuenta. Las cuentas cerradas o inactivas, según la forma en que se pagaron, permanecen en tu informe de siete a diez años a partir de la fecha de la última vez que se usaron.
- **Cuantas veces has solicitado tu informe de crédito** – Ya sea un prestamista, un proveedor de servicio, un propietario de vivienda o una aseguradora. Esas solicitudes de información permanecen en tu informe de crédito hasta por dos años.
- **Expedientes públicos** – Datos de expedientes públicos que se obtienen de fuentes gubernamentales, como tribunales de justicia. Gravámenes, bancarrotas y pagos alimentarios atrasados a hijos. La mayoría de la información en los expedientes públicos permanece en tu informe de crédito durante siete años.

Un informe de crédito NO incluye información acerca de tus cuentas bancarias (corrientes o de ahorros), de bancarrotas (que tengan más de diez años), deudas enviadas a agencias de cobro (que tengan más de siete años), sexo, raza, religión, afiliación política, historia de salud o expedientes delictivos.

La mujer rica sabe que existen varias maneras para comenzar a establecer un historial de crédito sólido. Si siempre has pagado en efectivo o has utilizado cheques para realizar compras sin crédito, conviene comenzar ya.

¿Cómo lo hago?

- Establece servicios básicos de luz y agua en tu hogar a tu nombre.
- Comienza a pagar con cheques, para que así tengas evidencia del pago de algunas cuentas (Ejemplo: renta de tu hogar).
- Abre una cuenta de tarjeta de crédito con tu banco favorito. Cuando vas por primera vez en la mayoría de las ocasiones te ofrecen un crédito mínimo de $500.00. Recuerda que solo la necesitas para comenzar a crear tu puntuación crediticia. También lo puedes hacer en tiendas por departamento y en gasolineras. Tener y usar una tarjeta de crédito puede realmente construir tu puntuación de crédito. (Recuerda solo UNA tarjeta, NO dos ni tres).
  - Usa tus tarjetas inteligentemente. Si acumulas un balance muy elevado en esa tarjeta, puede lastimar tus resultados, independientemente de si pagas tus cuentas en su totalidad cada mes. Típicamente la cantidad utilizada para calcular tu puntuación es el balance reportado en tu último estado.
- Pagar un préstamo a plazos – Compra una computadora, un televisor, etc.

Recuerda que el propósito es que el préstamo o la tarjeta de crédito se le informe a las tres agencias nacionales de crédito. Este no es un tema que nuestros padres hayan aprendido, pues a ellos tampoco les facilitaron esta información. Además, ten presente que la mayoría de las compañías revisan la puntuación de crédito de sus futuros empleados, por lo que comenzar a hacer un historial de crédito desde temprano puede ser una gran ventaja para ti. Para las compañías, una puntuación sólida de crédito es un buen reflejo de su capacidad para desempeñar un trabajo en forma responsable.

Maneja tu crédito con prudencia, o sea, en forma correcta. No excedas tu límite de crédito, efectúa el pago mínimo mensual y a tiempo. Debido a que tu expediente de crédito cambia constantemente, es importante que revises su información con regularidad para asegurarte de que es correcta. Revisa si hay cuentas que tú no abriste, gastos que tú no has hecho y faltas de pago en las que tú no incurriste.

Puntuación Crediticia (Score)

¿Cuáles son los criterios utilizados? Para calcular la puntuación crediticia se utilizan diferenten formas matemáticas. Sin embargo, la mayoría se basa en los siguientes factores:

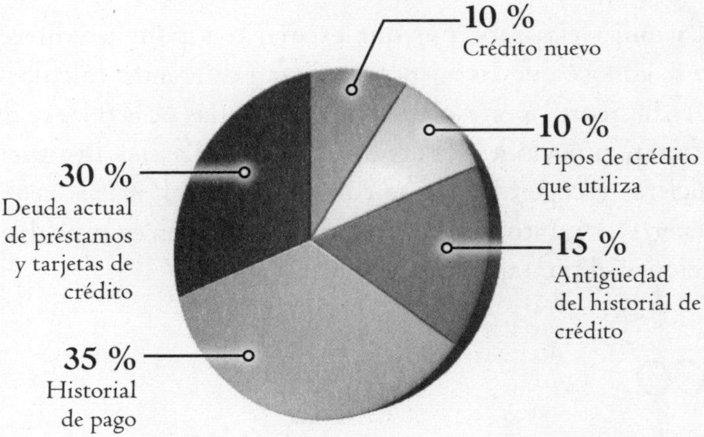

1. **Historial de pago** – Debes pagar a tiempo de manera consistente. Una historia de pagos atrasados en tus cuentas actuales y pasadas casi siempre reducen tu puntaje.
2. **Expedientes públicos** – Asuntos que se reflejan en los expedientes públicos (como bancarrotas, decisiones judiciales y cobro forzado de ciertos artículos), pueden rebajar

tu puntaje. Debes ser consciente de esto, incluso si a veces no puedes evitarlo.

3. **Antigüedad del historial de crédito** – Por esto es recomendable comenzar a "hacer crédito" desde joven ya que tiene un impacto positivo en tu puntaje.
4. **Crédito nuevo** – Abre las cuentas necesarias y no conserves tarjetas de crédito por solo "tenerlas" porque pueden influir negativamente en tu puntaje crediticio.
5. **Tipos de crédito** – Cada vez que alguien te solicita tu informe de crédito, ese "*Inquire*" o indagación se anota en tu informe de crédito. Un gran número de indagaciones recientes pueden afectar negativamente tu puntaje.
6. **Deuda actual** – La presencia de demasiadas cuentas abiertas puede tener un efecto negativo en tu puntaje, no importa si las usas o no.

La mujer rica sabe por qué existen tres puntajes diferentes. Poco se conoce que las agencias utilizan diferentes cálculos para el "Credit Score", por eso en la mayoría de las ocasiones te divulgan tres puntuaciones de crédito de las cuales las instituciones financieras escogen lo que se conoce como "el *medium score*". De no tener tres puntuaciones (solo dos), entonces es probable que seleccionen el puntaje menor de los dos.

FICO

El acrónimo FICO significa Fair Isaac Corporation, una organización que calcula y publica las puntuaciones de crédito para que los puedan ver los consumidores y los acreedores. FICO es una marca registrada que representa las puntuaciones de crédito que se generan para los consumidores y los acreedores.

La puntuación de crédito tiene solamente tres dígitos, pero son tres dígitos que tienen mucho peso. Como he mencionado antes, tu puntuación de crédito es un retrato instantáneo de tu reporte de crédito; le da a tus acreedores una idea de cómo has pagado tus facturas y cómo has administrado tu crédito a lo largo de los años.

Las puntuaciones de crédito fueron creadas a mediados de la década de 1990 como una herramienta para determinar el riesgo de otorgar hipotecas, pero no revelan información sobre imprevistos como facturas médicas repentinas o la pérdida de un empleo.

La definición de una "puntuación de crédito", de acuerdo a la "Fair and Accurate Credit Transactions Act" (FACTA) es la siguiente: "Un valor numérico o una categorización que se deriva de una fórmula estadística o un sistema de modelo hecho por una persona que da préstamos o que administra préstamos y que predice las probabilidades de ciertos comportamientos relacionados al crédito, incluyendo la posibilidad de que el préstamo no se pague. El valor numérico o la categorización que se deriva de dicho análisis también podría ser conocido como un 'indicador de riesgo' o una 'puntuación de riesgo' [FCRA §609(f)(2)]".

En pocas palabras, las puntuaciones de crédito son un sistema de evaluación en donde se suman o restan puntos en base a cierta información que aparece en tu reporte de crédito.

Los pagos atrasados, las bancarrotas y las tarjetas de crédito cuyos saldos se encuentran al máximo de su límite podrían ser factores negativos que te quiten puntos. Por otra parte, un historial de pagos positivo, así como el uso prudente del crédito disponible podría agregarte puntos.

La mujer rica sabe que su calificación final, o su puntuación de crédito, mide las probabilidades de que ella pueda pagar un préstamo.

La ley de reforma financiera Dodd-Frank, que estableció la Consumer Financial Protection Bureau (Oficina de Protección

Financiera del Consumidor, o CFPB por sus siglas en inglés) otorga a los consumidores el derecho de recibir una copia gratuita de su puntuación de crédito si solicita un préstamo en el banco. Bajo esta ley nueva, los consumidores que reciban un interés más alto que otros consumidores o que reciban un interés poco favorable debido a su puntuación de crédito, tienen el derecho a recibir una copia de su puntuación de crédito. En otras palabras, tu compañía de tarjeta de crédito podría subir el interés que pagas después de analizar tu puntuación de crédito y determinar que tú representas un riesgo mayor. Si esto ocurre, entonces tendrás derecho a recibir tu puntuación de crédito de forma gratuita.

La FACTA otorga el derecho a los consumidores de obtener cada doce meses una copia gratuita de su reporte de crédito, de cada una de las tres agencias nacionales de crédito.

Debido a que la información en tu reporte de crédito es la base de todos los modelos que se utilizan para generar puntuaciones de crédito, los errores en los reportes de crédito pueden ocasionar una puntuación menor.

Hoy día las puntuaciones de crédito han ido más allá de la industria hipotecaria y son utilizadas por casi todos los prestamistas para hacer decisiones instantáneas sobre las probabilidades de que un préstamo sea pagado. Los modelos de puntuación que desarrolló Fair Isaac, conocidos hoy en día como la puntuación de crédito FICO, continúan dominando el mercado de puntuaciones de crédito.

Las puntuaciones de crédito FICO, que tienen un rango de 300 a 850, han sido el método estándar. Sin embargo, se calcula que existen hasta 1,000 modelos diferentes de puntuación de crédito, y cada uno tiene un rango diferente. Algunos modelos se enfocan específicamente en préstamos para autos o tarjetas de crédito.

Las puntuaciones de 620 o menos son consideradas de alto riesgo, o "*subprime*". Mientras más alta sea tu puntuación, mayores probabilidades tendrás de que los prestamistas te consideren como un buen riesgo, o sea te podrían aprobar el préstamo que solicitaste.

- Excelente (760+)
- Bueno (700 - 759)
- Razonable (680 - 699)
- Pobre (620 - 679)
- Malo (por debajo de 619)

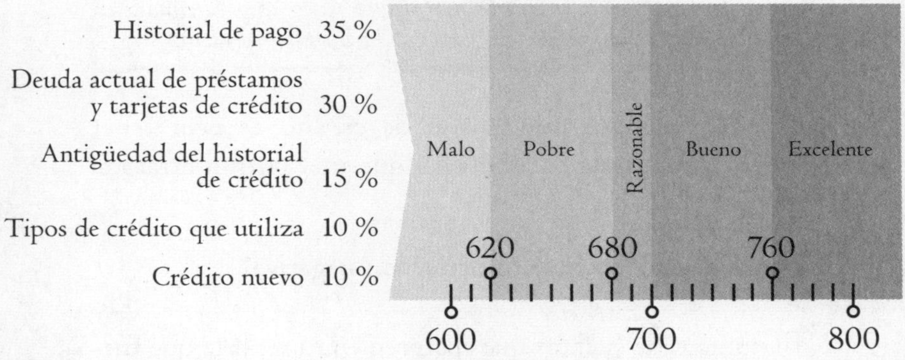

Puntaje FICO	APR	Pago mensual
760 - 850	3.84 %	$1,405
700 - 759	4.07 %	$1,444
680 - 699	4.24 %	$1,475
660 - 679	4.46 %	$1,513
640 - 659	4.89 %	$1,590
620 - 639	5.44 %	$1,692

La tabla no muestra las ofertas del Mercado actual y se presenta solo para fines ilustrativos.

Comprueba tú misma cómo podrías ahorrar dinero con un buen puntaje de crédito. Si analizas la tabla anterior podrás ver el ahorro. Básicamente, una persona que tenga 760 de puntuación tendría un pago mensual de $1,405 versus una persona con una puntuación de 620 que pagaría $1,692. Si haces la resta confirmarás que podrías ahorrar unos doscientos ochenta y siete dólares mensuales solo por tener buen crédito.

Como les mencioné anteriormente, hace más de cinco años perdí mi crédito por complicaciones en mi embarazo. ¿Eso afectará mi puntuación? Sí, pero no tanto como un pago atrasado recientemente. La información negativa puede permanecer en tu reporte de crédito por siete años. La información continuará siendo un factor siempre y cuando aparezca en tu reporte de crédito.

Mientras más reciente sea el pago atrasado, más puntos serán restados de tu puntuación. Además, mientras más tiempo pases sin pagar una deuda y mientras más cuentas se te atrasen, más puntos perderás.

Por ejemplo, para tu puntuación de crédito es peor tener varias cuentas atrasadas por 120 días que una cuenta atrasada por 30 días.

¿El cálculo solamente incluye información negativa?

No. El número de cuentas que aparecen en tu reporte que fueron "pagadas a tiempo" o que se pagaron "por completo" tienen un efecto positivo en tu puntuación de crédito. En la mayoría de las ocasiones, las personas piensan que el cálculo se basa solamente en factores negativos y no es así. Pagar a tiempo o saldar una deuda por completo son factores considerados en el cálculo de la puntuación.

La ley FCRA no obliga a ninguna compañía de tarjetas de crédito a reportar información positiva o negativa. Si la compañía con la que estás haciendo negocios no reporta información a por lo menos una de las agencias nacionales de crédito, pídele a la empresa que reporte tu historial positivo. Si la compañía se rehúsa a reportarlo a una o a más agencias de crédito, deja de hacer negocios con esa empresa y comunícales por qué te fuiste. Las compañías que pierden clientes debido a sus prácticas irresponsables deben saber de nosotras las mujeres ricas.

¿Mejora mi puntuación si pago el saldo total de mi tarjeta de crédito cada mes?

- No necesariamente. Se suman o restan puntos en base a la cantidad de crédito disponible que has utilizado.
- Tu puntuación podría bajar si usas la máxima cantidad de crédito que tienes disponible en tu tarjeta de crédito y solamente haces el pago mínimo cada mes. Utilizar un porcentaje alto de tu crédito cada mes, incluso cuando las pagas religiosamente, podría restarte puntos si tienes un saldo alto al momento en que se calcula la puntuación de tu historial de crédito.

Recuerda, la puntuación de crédito es un retrato de tu reporte de crédito, hecho en un momento específico.

La mayoría de las compañías de tarjetas de crédito, así como otras instituciones entregan sus reportes a las agencias de crédito cada treinta días.

¿Por qué tengo una puntuación diferente de cada agencia de crédito?

Existen varias razones por las que las puntuaciones podrían ser diferentes.

- No todos los prestamistas reportan información a las tres agencias de crédito.
- Una compañía de crédito que reporta un pago atrasado solamente a una de las agencias de crédito podría bajar la puntuación en el reporte de crédito de esa agencia. Asimismo, hasta hace poco cada agencia de crédito usaba su propia variación del modelo FICO. Incluso diferencias menores podrían generar puntuaciones diferentes.

¿Cómo afectan los diferentes tipos de crédito mi puntuación de crédito?

- Un historial de pagos hechos a tiempo a una tarjeta de crédito de un banco grande es mejor para tu puntuación de crédito que una tarjeta de una tienda.

- Los préstamos con una compañía financiera, incluso aunque hagas tus pagos a tiempo, no tienen tanto peso como los pagos hechos a tiempo a una tarjeta de crédito de un banco grande. Una tarjeta de crédito de una tienda generalmente tiene un límite bajo de crédito. Los consumidores que solicitan crédito a una compañía financiera podrían ser considerados de alto riesgo o inelegibles para el mercado de crédito general.
- Los préstamos con pagos mensuales, como préstamos de auto o hipotecas, tienen un efecto positivo en tu puntuación de crédito, aunque podrían restarte puntos si existe una proporción alta entre el saldo y el valor de la propiedad.

¿Afecta negativamente mi puntuación de crédito si recibo asesoría de crédito?

El hecho de que participes en un programa de asesoría de crédito no afecta tu puntuación de crédito FICO, de acuerdo a Fair Isaac. La asesoría de crédito no debe ser considerada como un factor para definir la puntuación de crédito. Los problemas de crédito que te han llevado a usar la asesoría de crédito seguramente ya están considerados en tu reporte de crédito. Por el contrario, debería ser un factor positivo.

¿Pueden las consultas al reporte de crédito bajar la puntuación de crédito?

Tu reporte de crédito incluye más que un historial de pago de tus facturas. Una de las secciones también incluye el número de consultas (*inquiries*) que ha tenido tu expediente. Esta sección revela quiénes han visto tu reporte de crédito. Las compañías pueden ver tu reporte de crédito con ciertos propósitos.

- Tu compañía de tarjeta de crédito puede monitorear tu reporte para revisar tu cuenta. Este tipo de consulta aparece en el reporte de crédito, pero no afecta tu puntuación de crédito. Los acreedores y las compañías de seguros analizan tu reporte para ver si reúnes los requisitos para recibir una oferta. Estas ofertas "preaprobadas" o "preseleccionadas" no afectan tu reporte de crédito.

- Supongamos que solicitas un empleo y el empleador hace una consulta a tu reporte. Esta consulta tampoco afectaría tu puntuación de crédito.
- Si tú mismo haces una consulta de tu reporte de crédito, esto tampoco reducirá tu puntuación de crédito.
- Las únicas consultas que pueden reducir tu puntuación de crédito son aquellas que se dan como resultado de una solicitud de crédito.

Estoy buscando comprar un automóvil nuevo y he solicitado crédito a varios prestamistas. ¿Estas consultas reducirán mi puntuación de crédito?

> *De acuerdo a* Fair Isaac, *las consultas múltiples de crédito para préstamos hipotecarios o de automóviles generalmente son considerados como una sola consulta si se hacen dentro de un periodo de treinta días. O sea, que si visitas tres* dealers *de carros en un mes y en todos te solicitan el crédito, estas solicitudes son consideradas como una sola consulta para el crédito.*

¿Aumentará mi puntuación de crédito si cierro todas mis cuentas de crédito viejas?

No. De hecho, ocurre lo contrario. Los modelos de puntuación de crédito analizan el uso actual de crédito que tienes disponible, así como el tiempo que has utilizado el crédito. Las cuentas viejas, incluso aquellas que tienen un balance de cero, establecen tu historial de crédito.

¿Necesito tener una puntuación perfecta de 850 para obtener el mejor interés disponible?

No. Fair Isaac calcula que las puntuaciones entre 760 y 850 reciben el mejor interés. Si tienes una puntuación dentro de ese rango, pero te están dando intereses para consumidores de alto riesgo, quizás sea momento de ir con otra institución financiera.

No tengas miedo, pregunta por qué tienes el derecho de obtener una mejor oferta. Intenta negociar un interés mejor amparándote en tu buena puntuación de crédito.

Para ganar puntos tienes que participar. Hay muchas razones por las que algunas personas prefieren evitar el crédito y mejor utilizar dinero en efectivo. Quizá se debe a la disciplina de la persona, a una experiencia mala con el crédito o incluso a una tradición familiar de evitar las tarjetas de crédito o los préstamos. Otros, como aquellos individuos que están recién graduados de la universidad, no han tenido la oportunidad de establecer un historial de crédito.

Me acabo de graduar de la universidad. ¿Qué puedo hacer para establecer un buen historial de crédito?

Empieza con pasos pequeños, quizás con una tarjeta de crédito respaldada por tu cuenta de banco. Haz pagos a tiempo de manera consistente. Y no utilices todo el crédito que tienes disponible. De hecho, trata de utilizar la mitad o menos del crédito que tienes disponible. Procura mantener tu balance en un quince por ciento del límite máximo.

¿Aumentará mi puntuación cuando aumenten mis límites de crédito?

No necesariamente. Los modelos de puntuación consideran la forma en que usas el crédito que tienes disponible. La mujer rica entiende que usar el máximo crédito disponible en sus tarjetas de crédito resultará en la reducción de puntos. La cantidad de crédito que tienes disponible no es un factor para determinar tu puntuación.

OJO... Una búsqueda sencilla en la Internet utilizando las palabras *credit score* (puntuación de crédito) arroja resultados con enlaces a millones de sitios. Muchos de estos sitios ofrecen paquetes de productos de crédito que incluyen no solamente puntuaciones de crédito sino también reportes de crédito, servicios de monitoreo de crédito y seguros contra el robo de identidad. No obstante, algunas búsquedas incluso podrían llevarte a sitios fraudulentos que buscan precisamente robar tu información personal en lugar de proveerte tu reporte de crédito.

¿Cuál es la mejor manera de ordenar mi puntuación de crédito?

La mejor manera de pagar para ver tu puntuación de crédito es a través de las agencias nacionales de crédito. Ten en cuenta que solicitar tu informe de crédito y examinarlo no te perjudicará de ninguna manera. Eso no afectará tu puntuación, siempre y cuando solicites tu informe directamente a la agencia de informes de crédito o a través de una organización autorizada para proporcionar informes de crédito a los consumidores.

Estas agencias son:

- Experian, www.experian.com (en inglés)
- TransUnion, www.transunion.com (en inglés)
- Equifax, www.equifax.com (en inglés)
- Para solicitar tu informe gratis, puedes visitar la página annualcreditreport.com (en inglés) o llama al 1-877-322-8228. Ten en cuenta que si contactas a las agencias directamente te cobrarán por el servicio.

¿Cómo puedo saber si la puntuación de una agencia de crédito es la puntuación de crédito FICO?

Las puntuaciones de crédito FICO compradas a través de TransUnion or Equifax deben indicar claramente que son puntuaciones de crédito FICO.

¿Qué tiene de malo ordenar reportes de crédito y puntuaciones de crédito a través de otros sitios web?

Existe solamente un sitio web oficial para reportes de crédito, y ese sitio es www.annualcreditreport.com/cra/index.jsp (en inglés). Para obtener más información sobre los reportes de crédito gratuitos y los sitios web impostores, consulta la publicación de la FTC (Federal Trade Comission, por sus siglas en inglés) titulada "Su acceso a informes de crédito gratuitos".

Los sitios web que encuentras a través de búsquedas en Internet como "*free credit reports*" o "*free credit scores*" (reportes de crédito gratuitos o puntuaciones de crédito gratuitas) podrían costarte dinero si compras productos que no quieres y que no necesitas. En el peor de los casos, estos sitios podrían ser fraudulentos y lo único que desean es robarte tu información personal.

Ahora bien, las mujeres ricas nos preocupamos por tener un registro positivo en nuestro historial crediticio del Buró de Crédito, ya que de esto depende que nos otorguen futuros financiamientos, como el hipotecario o cualquier crédito para comenzar tu nuevo negocio.

El mejor consejo es manejar tu crédito de manera responsable a lo largo del tiempo.

Por eso te enumero los primeros consejos para mejorar tu puntuación de crédito:

1. Monitorea tu reporte de crédito y disputa cualquier error. Los errores en tu reporte podrían causarte una puntuación de crédito baja.
2. Paga tus facturas a tiempo, incluso si solamente puedes pagar la cantidad mínima.

3. Los saldos bajos son un factor positivo para determinar tu puntuación de crédito. No utilices todo tu crédito disponible.
4. Las solicitudes de crédito pueden restarte puntos, incluso si se trata de una aplicación para una tienda. No permitas que te investiguen tu reporte de crédito en todas las instituciones financieras o en las tiendas donde compras diariamente. Busca las ofertas y cuando estés seguro del mejor postor, autorízalo a solicitarlo. No obtengas nuevas tarjetas de crédito que no necesitas, para disponer de más crédito. Esto podría resultar contraproducente e incluso bajar tu puntuación.
5. Las cuentas viejas (incluso aquellas que no has usado por mucho tiempo) pueden mejorar tu puntuación de crédito. Los modelos de puntuación de crédito analizan no solo cómo utilizas tu crédito hoy en día sino también por cuánto tiempo lo has usado.
6. Consolidar saldos o cambiar las deudas de la institución financiera en que la tienes hoy día, podría ser algo práctico ya que solamente tendrías que hacer un pago. Sin embargo, esto podría tener un efecto adverso en tu puntuación de crédito. Transferir saldos puede ser especialmente dañino para tu puntuación de crédito si cierras cuentas que ya tienes establecidas y abres cuentas nuevas para consolidar tu deuda.
7. Pregúntale a tu prestamista qué modelo de puntuación de crédito utiliza. Un valor numérico de puntuación no refleja toda tu situación.
8. Procura conocer los intereses del momento. Estos intereses actualizados para hipotecas, préstamos de automóviles y otros créditos para consumidores son publicados todos los días en los periódicos o pueden ser consultados en sitios de Internet.

9. Ten en cuenta que cancelar (liquidar) el saldo de una cuenta que ya ha pasado a las compañías de recobro (*collection*), no quiere decir que la información negativa desaparecerá de tu informe de crédito. Permanecerá en el informe por siete años.

10. Si no has tenido crédito por mucho tiempo, no abras muchas cuentas apresuradamente. Las cuentas nuevas reducirán la edad promedio de todas tus cuentas en su conjunto, lo que tendrá un efecto muy importante sobre tu puntuación si no tienes información de crédito adicional. Además, acumular muchas cuentas en un período corto puede parecer riesgoso si no has tenido crédito por mucho tiempo.

11. Si tienes dificultades para pagar tus cuentas, llama a tu banco o a compañías como "Consumer Credit Counseling" (http://www.consumerpr.org). Sus consejeros certificados pueden trabajar contigo y organizarte un presupuesto. Esta gestión te ayudará y beneficiará tu puntuación.

Recuerda que las instituciones financieras no toman una decisión de crédito exclusivamente con tu puntuación crediticia. Existen otros factores que se incluyen en la decisión, tales como: reservas, ingreso, propiedad, si eres cliente de esa institución, etc.

No creas que eres el único que tiene problemas con el crédito. Decenas de millones de consumidores en los Estados Unidos sufren de problemas de crédito lo suficientemente graves como para no poder obtener préstamos ni tarjetas de crédito. Dichas personas cuentan con una puntuación "no muy favorable", que se encuentra por debajo de los 620.

Si tus calificaciones están por encima de los 760, es probable que ya estés disfrutando de las mejores ofertas y precios del mercado. Pero el hecho de que estés por debajo de esa puntuación no significa que no se pueda mejorar tu crédito.

LA MUJER RICA PROTEGE SU IDENTIDAD[16]

OJO: Esto tienes que leerlo bien. No te imaginas a cuántas personas he tenido que orientar con respecto al "Robo de Identidad". El robo de identidad es uno de los crímenes de mayor crecimiento. Ocurre cuando una persona deshonesta obtiene el número de Seguro Social tuyo y lo utiliza para conseguir otra información personal sobre ti.

Usan tu información, crédito y las tarjetas de crédito, pero no pagan las cuentas.

No sabrás que alguien está usando tu número hasta que se te niegue un crédito, o comiences a recibir llamadas de acreedores desconocidos que demandan pagos por artículos que nunca compraste.

La Administración del Seguro Social protege tu número de seguro social y guarda sus registros confidencialmente. Ten mucho CUIDADO al divulgar tu número, aun cuando alguien te lo pida.

Debes preguntar SIEMPRE por qué se necesita tu número, cómo se usará y lo que pasará si te niegas a divulgarlo.

¿Has recibido llamadas en las que te comunican que te has pegado en la lotería de África o te has ganado un automóvil, así como de maravilla. Mi gente... cuidado con eso, es robo de identidad. Siéntete con todo el derecho de NO proveer tu seguro social a nadie. A NADIE... solo a las instituciones reguladas que protegen tu información financiera.

Debemos prevenir el "Robo de Identidad" y ser más listos que esos ladrones que se hacen pasar por listos. Los ladrones rastrean en tu correo, en la basura. Tritura tus estados de cuenta bancarios, tus estados de tarjetas de crédito, ofertas de crédito preaprobadas, entre otros documentos personales.

Para evitar que te roben tu identidad sigue estas recomendaciones:

- Protege tu correspondencia. Debes hacer trizas tus recibos de cobro, facturas, etc.
- Protege tu billetera o cartera personal en TODO momento.
- Ten presente que te pueden robar la información personal que provees en sitios de Internet que no están protegidos.
- Los ladrones se hacen pasar por entidades que tienen derecho legal, ya sea por teléfono o por correo electrónico. Cuando recibes su llamada, se refieren a ti por tu nombre y en la mayoría de las ocasiones saben varios detalles de tus cuentas, dirección, entre otras informaciones personales. No te dejes confundir por los datos que poseen. Ignora esas llamadas pues te pueden ocasionar graves problemas financieros.

Por lo mismo es importante verificar tu informe de crédito, ya que los ladrones:

- Abren cuentas de tarjetas de crédito a tu nombre y no pagan las facturas.
- Abren cuentas de teléfonos celulares a tu nombre.
- Abren cuentas de bancos y firman los cheques por ti.
- Falsifican cheques o tarjetas de crédito y retiran tu dinero de la cuenta bancaria.
- Compran automóviles a tu nombre.

- Cambian las direcciones para que los "nuevos" estados de cuenta lleguen a la casa del ladrón y así evitan que te des cuenta de sus transacciones fraudulentas.

Si pasas por esta experiencia, debes ir a www.idtheft.gov e informar el robo de identidad a la Comisión Federal de Comercio. O puedes llamar al 1-877-IDTHEFT (1-877-438-4338). Ese sitio de Internet es el recurso a nivel nacional para informarse acerca del crimen de robo de identidad. Esta página web provee información detallada para ayudarte a evitar, detectar y defenderte contra el robo de identidad.

Es posible que también quieras comunicarte con el Servicio de Impuestos Internos (IRS, por sus siglas en inglés). Un ladrón de identidad posiblemente use tu número de seguro social para presentar una declaración de impuestos con la idea de recibir tu reembolso. Comunícate con la Unidad de Protección de Identidad del IRS, (IRS Identity Protection Unit) en el sitio de Internet www.irs.gov/uac/Identity-Protection o llama al 1-800-908-4490.

¿Qué debes hacer?

1. Ponte en contacto con la compañía de informe de crédito que está reportando la cuenta que no te pertenece. Es conveniente que esa compañía te dé una copia impresa de su informe de crédito. Puede que tengas derecho a que te la den sin cobrarte. Después que le indiques a la agencia de informe de crédito acerca de la información que disputas, y la razón por que lo haces, la compañía la revisará. Envía también a la agencia de informe de crédito cualquier documentación que apoye lo que dices. Si se necesitan más investigaciones, la agencia de informe de crédito le hará llegar una notificación de lo que estás disputando, a la fuente que les envió a ellos la información discutida.

La fuente de donde salió la información en disputa revisará la información, conducirá su propia investigación y le enviará un reporte a la agencia de informe de crédito. La compañía de informe de crédito hará entonces todos los cambios adecuados a tu expediente de crédito basándose en la investigación, y te notificará sobre los resultados de la investigación y sobre cualquier cambio que se le haga a tu informe de crédito.

2. Ponte en contacto con tu acreedor respecto al problema. En algunos casos, deberías ponerte en contacto con el acreedor o el prestamista apropiado antes de contactar a la compañía de informe de crédito. La mayor parte de los acreedores más importantes tienen procedimientos establecidos para los clientes que disputan con ellos detalles de sus cuentas. Si tienes pruebas de que la cuenta no te pertenece, el malentendido debería resolverse rápidamente.

Si en tu reporte de crédito aparece que sigues pagando tu automóvil actual, pero tienes la carta de saldo, podrías llevar ese documento como evidencia y la cuenta se podría remover rápidamente.

Envía siempre una carta después de que hayas llamado por teléfono. Una carta te ayudará a iniciar y a mantener una trayectoria de comunicación bien documentada. Enumera cada cuenta que no te pertenece, y explica por qué no te pertenece, adjuntando copias de todos los documentos importantes, como la carta de saldo que te acabo de mencionar. Incluye tu nombre completo, número de cuenta, la cantidad en dólares que se discute, y la razón por la que tú consideras que el asunto es incorrecto. Debes ser concisa.

3. Procura ponerte en contacto con otras compañías de informe de crédito. Te convendría obtener tu informe de crédito de las otras dos compañías de informe de crédito para ver si sus reportes contienen el mismo error. Después que hayas corregido un error con una compañía de informe de crédito, casi siempre las otras compañías también recibirán la información corregida. Pero para que la corrección

sea más rápida, es mejor que contactes a cada una de las tres compañías principales de informe de crédito tú misma.

4. Asegúrate de que la información en disputa se resuelva. La compañía de informe de crédito debería notificarte acerca de los resultados de su investigación, dentro de treinta a cuarenta y cinco días –si se basa en tu expediente de crédito anual gratis. Tendrás que obtener una nueva copia de tu informe de crédito para asegurarte de que las incorrecciones han sido corregidas o se han eliminado.

OJO: Si la información en disputa ha sido resuelta, puedes solicitar que la compañía de informe de crédito notifique a cualquiera que haya recibido un informe de crédito con la información incorrecta en los últimos seis meses (dos años en el caso de los empleadores) acerca de las correcciones que se han efectuado.

Si no puedes resolver un asunto en disputa. Estás en tu derecho de presentar una breve declaración ante la compañía de informe al consumidor, sin costo, para explicar por qué no estás de acuerdo. La compañía de informe al consumidor puede limitar tu declaración a un máximo de cien palabras pero te brinda ayuda para escribir un resumen claro del desacuerdo. Tu declaración formará parte de tu informe de crédito, y será reportada cada vez que se recurra a tu informe de crédito, durante todo el tiempo que el asunto en disputa continúe apareciendo en tu expediente.

"La vida consiste no en tener buenas cartas, sino en jugar bien las que uno tiene".

—Josh Billings (1842-1914)
Humorista estadounidense.

SABE CUÁLES SON SUS DERECHOS CON EL CRÉDITO[15]

El Reporte de Crédito concentra la información de todos tus pagos en un solo documento. Representa la cantidad de confianza que un acreedor tiene en que pagarás los fondos que has tomado prestado, de acuerdo con los parámetros previamente acordados. ¿Qué contiene un informe de crédito?

1. **Revelan tu informe de crédito a petición tuya** – Las agencias de informe de crédito deben darte la información contenida en tu expediente si la solicitas y le brindas a la agencia una identificación adecuada.
2. **Limitan el acceso a tu información** – Una compañía de informe de crédito no puede proveer tu informe de crédito a ningún individuo o entidad interesada sin un propósito permitido, como la evaluación de una solicitud para un préstamo, crédito, servicio o empleo.
3. **Obtienen tu consentimiento antes de suministrarle información sobre ti a un empleador** – Una agencia no puede darle información sobre tu crédito a un empleador o posible empleador a menos que tú previamente le entregues a ese empleador un permiso escrito que le autorice para que pueda ver tu crédito.
4. **Investigan cualquier información que esté en disputa** – Si le dices a una compañía de informe de crédito que tu expediente contiene información incorrecta, la agencia debe investigar cuanto antes el asunto con la fuente que

proveyó esa información. Si la investigación no puede resolver la disputa, puede añadir a tu expediente de crédito una declaración en la que expliques el asunto.

5. **Corrigen o eliminan la información incorrecta** – Una compañía de informe de crédito debe corregir o, según sea el caso, eliminar de tu expediente la información que sea considerada incorrecta o que ya no puede ser verificada a partir de tu expediente de crédito.
6. **Eliminan información no actualizada** – En general, la información negativa que tiene más de siete años (diez años para las bancarrotas) debe ser eliminada de tu expediente.
7. **Revelan tu puntaje de crédito si lo solicitas** – Por un costo determinado, puedes obtener tu puntaje de crédito. En algunas transacciones hipotecarias, obtendrás gratis información sobre tu puntaje de crédito.
8. **Añaden alertas de robo de identidad y de servicio activo** – Las víctimas de robo de identidad pueden poner alertas de fraude, y el personal militar en servicio activo que está destacado lejos de su estación normal de servicio puede colocar alertas de "servicio activo" para ayudarlos a evitar el robo de identidad.
9. **Remedian las consecuencias del robo de identidad** – Si eres o crees ser víctima de robo de identidad, tienes derechos específicos bajo el FCRA. Estos derechos te ayudarán a lidiar con las consecuencias del robo de identidad.

Algunos mitos sobre la puntuación crediticia

Muchos consumidores tienen respuestas equivocadas para las dudas más imporantes, como las formas para subir la puntuación o cuánto dura una marca negativa. ¿Cuáles serían los malentendidos más comunes, y lo que realmente afecta o ayuda a mejorar tu puntuación?

1. **Pagar las cuentas a tiempo mejorará mi puntuación** – Correcto, pero recuerda que la forma en que pagas las cuentas solo representa el 35 por ciento de la puntuación. Eso significa que el 65 por ciento de la puntuación no tiene nada que ver con los pagos que no pudiste hacer. No puedes concluir que por el hecho de que estás pagando a tiempo tus deudas, automáticamente tendrás un crédito excelente.
2. **Es bueno mantener un balance en la tarjeta** – Aunque mantener un balance en la tarejta de crédito te costará cargos por intereses y financiamiento, desde el punto de vista de la puntuación crediticia, no tiene nada de malo. Pero si el balance es demasiado grande, sí afectará la proporción entre el crédito aprobado y el disponible. Llevar al máximo la tarjeta de crédito afectará tu puntuación. Lo ideal es mantener un balance relativamente bajo, nunca debe sobrepasar el 15 por ciento del crédito total aprobado.
3. **Las ejecuciones hipotecarias y las quiebras manchan tu puntuación por siete años** – Esto es parcialmente cierto. Enfrentar un proceso de venta corta (*short sale*), embargo o quiebra provocará una marca negativa en el reporte de crédito, al menos, por siete años. (Una quiebra, en realidad, estará ahí por diez años). Pero la puntuación sí va mejorando, en la medida en que esas faltas envejecen. Solo necesitas paciencia y un buen comportamiento de pagos para experimentar una mejoría en tu récord crediticio. De hecho, a pesar de que te hayas acogido a una quiebra, puedes volver a tener una puntuación de crédito muy sólida en tres o cuatro años, pero no vuelvas a caer en los mismos malos hábitos.
4. **Declararte en quiebra no es gran cosa; después de un año o dos, todo retorna a la normalidad** – NÓ. La quiebra destruye tu crédito. Existe vida después de la quiebra, pero tomará más de un año o dos reestablecer tu buen crédito. Además, el registro de una quiebra puede permanecer en tu reporte de crédito por un plazo de siete a diez años.

Reparación de crédito: ¿Cómo ayudarte a ti misma?

La Comisión de Comercio (FTC) es la agencia nacional de protección del consumidor. La FTC trabaja para prevenir las prácticas comerciales fraudulentas, engañosas y desleales en el mercado. Debes haber visto sus anuncios en los periódicos, en la televisión y en la Internet. Los escuchas en la radio. Recibes panfletos por correo, mensajes de correo electrónico e incluso llamadas telefónicas en las que te ofrecen servicios de reparación de crédito.

Todos dicen lo mismo:

- "¿Problemas de crédito? ¡Ningún problema!"
- "¡Podemos remover para siempre de su archivo de crédito bancarrotas, juicios, gravámenes y préstamos no pagados!"
- "Podemos borrar sus malos antecedentes de crédito — 100 por ciento garantizado"
- "¡Cree una nueva identidad de crédito legalmente!"

Hazte un favor, y de paso, ahorra algo de dinero. No te creas este tipo de declaraciones. La verdad es que no existe ninguna solución rápida para recuperar tu solvencia crediticia. Como te he explicado antes, puedes mejorar tu informe de crédito legítimamente, pero te llevará tiempo, un esfuerzo constante y tendrás que mantenerte firmemente apegada a un plan personal de repago de tus deudas.

Tus derechos

Nadie puede eliminar legalmente la información exacta y precisa de índole negativa de un informe de crédito. Si deseas disputar la información registrada en tu archivo de crédito porque consideras que es inexacta o incompleta, puedes solicitar una investigación —sin cargo. Algunas personas contratan una compañía para que haga esta investigación, pero todo lo que una compañía de reparación de crédito pueda hacer legalmente por ti, tú también lo puedes hacer sola y gratis o a un costo más bajo.

Hazlo tú misma

Paso 1: Infórmale por escrito a las agencias de crédito mencionadas anteriormente cuáles son los datos de tu informe que son inexactos. Aquí mismo te incluyo un modelo de carta para que lo uses como referencia.

[Fecha]
[Tu nombre]
[Tu dirección]
[Ciudad, Estado, Código Postal]

Departamento de Quejas
[Nombre de la Compañía]
[Dirección]
[Ciudad, Estado, Código Postal]

Estimado Señor/Señora:

La presente carta tiene por objeto disputar la información registrada en mi informe número tal... como se detalla a continuación. Los datos que disputo están marcados con un círculo en la copia del informe de datos adjunto que he recibido.

Este dato [identifica el dato o los datos disputados por el nombre de la fuente, como por ejemplo el acreedor, y detalla el tipo de cuenta, como por ejemplo cuenta de crédito, sentencia, etc.] es [inexacto o incompleto] porque [describe qué es lo inexacto o incompleto y el porqué]. Solicito que el dato sea eliminado [o solicita otro cambio o remedio específico] para corregir la información.

Se anexan copias [utiliza esta oración si corresponde y enumera cada documento adjuntado, tales como registros de pago y documentos de la corte] que respaldan mi posición. Por favor, tenga a bien reinvestigar este asunto(s) y [eliminar o corregir] el(los) dato(s) disputado(s) a la brevedad posible.

Atentamente,
[Tu nombre]

Anexos: [Haz una lista de los documentos que adjunta la carta]

Si lo deseas, también puedes incluir una copia de tu informe de crédito. Envía tu carta por correo certificado con "acuse de recibo" para poder documentar que la compañía de informes de los consumidores recibió tu correspondencia. Guarda copias de tu carta de disputa y de los documentos anexados.

Paso 2: Las compañías de informes de los consumidores deben investigar los datos que disputas dentro de un plazo de treinta días, a menos que consideren que tu disputa carece de fundamentos. También deben remitirle todos los datos relevantes que hayas enviado sobre la inexactitud de la información a la organización que la suministró originalmente. Cuando el proveedor de información recibe una notificación de disputa de parte de las agencias de crédito tiene que investigar y revisar la información relevante y reportarle los resultados de la investigación. Una vez completada la investigación, la compañía de informes de los consumidores debe comunicarte los resultados por escrito, y si como consecuencia de tu disputa se produce algún cambio, también debe enviarte una copia gratuita de tu informe de crédito con los ajustes correspondientes. Si se cambia o elimina algún dato, la agencia de crédito no puede volver a colocar la información disputada en tu archivo a menos que el proveedor de la información verifique que es exacta y completa.

Paso 3: Si tú lo pides, las agencias de crédito deben enviar avisos para notificar las correcciones efectuadas a todos aquellos que hayan recibido tu informe de crédito durante los seis meses previos al momento en que se efectúe el cambio. También puedes solicitar que se le envíe una copia corregida de tu informe a todos aquellos que hayan recibido tu informe de crédito con propósitos de empleo durante los dos años previos.

Tú misma puedes corregir los errores de tu informe de crédito. Las mujeres ricas sacamos el tiempo para realizar estas importantes gestiones con nuestro crédito.

"Mi Dios, pues, suplirá todo lo que os falta conforme a sus riquezas en Cristo Jesús. Filipenses 4:19".

—Héctor Marcano
VP of Hispanics Operations at iHeartMedia

"¡Bravo, Bárbara! De manera sencilla, clara y con una voz muy propia me cautivaste de principio a fin. Como mujer de hoy, cabeza de familia y madre de dos hijos, te agradezco por recordarme aquello que sabía y de alguna manera había quedado relegado. Gracias por educarme de tantas nuevas maneras. Sin duda alguna, mantendré este libro muy 'a la mano' como fuente de referencia, educación e inspiración. Auguro que ese será el caso con muchas otras mujeres. ¡Bravo, bravísimo!".

—Ivette Rodríguez

Reconocida actriz, líder transformacional y autora del libro "Cuentos de tu loca, mensajes de tu sabia".

LA MUJER RICA

SABE COMPRAR SU PRIMERA RESIDENCIA (17) (18)

Comprar una propiedad puede ser una experiencia fascinante y a la vez desafiante. Nuestra mente siempre piensa en comprar nuestro primer "hogar". Es bien raro escuchar a la gente decir "voy a comprar mi primera propiedad".

> *El "hogar" —aparte de ser un bien financiero— en términos emocionales es mucho más que eso y así lo pensamos desde muy temprano en nuestras vidas. Además de ser el lugar donde viviremos y criaremos a nuestros hijos; será un plan para nuestro futuro; una inversión en nuestra comunidad y, sobre todo, el espacio sagrado en donde forjaremos nuestros sueños.*

¿Qué es un hogar con armonía?

Es un lugar a donde llegas, te quitas el apretado cinturón, los zapatos que ya no aguantas, tu rostro de persona feliz y tu mente cansada. Cuando entras a tu hogar, sientes que estás entrando a tu santuario, a tu espacio armónico. Todo es justamente como te gusta: el color de las paredes, los muebles y accesorios, no hay ni muy poco ni demasiado, puedes encontrar todo lo que necesitas muy fácilmente. En tu hogar, tu familia es respetuosa hacia ti y entre cada uno de ellos.

¿Esto que acabas de leer, define la realidad de tu hogar?

Si no es así, hay una alta probabilidad de que el pago y los costos mensuales de la propiedad sean el tema principal de tu familia. ¿De lo único que hablan es sobre cómo pagar la hipoteca? ¿El dinero nos les da mensualmente para cubrir todos los gastos relacionados a la compra de su casa? Si la respuesta a alguna de estas preguntas es afirmativa, debe ser porque hayas comprado una propiedad sin estar lista para hacerlo. Cuando en el panorama económico se presenta la angustia constante de pagar la hipoteca valdría preguntarte: "¿Compraste en el momento adecuado?".

La compra de tu vivienda habitual podría ser la inversión más importante de tu vida. Ser propietario de tu propia vivienda representa algo "sagrado" en Puerto Rico y para los hispanos, en general. Constantemente nuestros padres nos repiten el mensaje de que alquilar una casa es tirar el dinero a la basura, lo que da a entender que la compra siempre es preferible al alquiler.

Comprar vs. alquilar

Es cierto que comprar una vivienda depara muchas ventajas. Hay muy buenas razones para comprar. Sin embargo, en ciertas situaciones, alquilar puede tener más sentido en términos económicos. Una propiedad comprada ata mucho a sus dueños. No tendrás un sentimiento de movilidad y no actuarás con la misma libertad si tuvieras que cambiar de residencia por razones familiares o laborales. En circunstancias como esas, si no logras vender la casa con facilidad, te verás obligada a hacerlo por debajo de tus expectativas o tendrás que pagar dos hipotecas —o una hipoteca y un alquiler. Muchas personas pierden buenas oportunidades en su carrera profesional por carecer de movilidad geográfica.

La mujer rica está consciente de que las principales ventajas de rentar son:

- Tendrás flexibilidad para mudarte de residencia sin la consideración o preocupación de dejar atrás la casa propia.
- No tendrás que ocuparte del mantenimiento de la vivienda rentada, ya que en la mayoría de los casos esos asuntos suelen ser responsabilidad del dueño de la propiedad.
- El proceso inicial de rentar te resultará más simple y menos costoso que el de comprar.

- No tienes la obligación de pagar impuestos de propiedad y otros elementos asociados a ser dueño de una casa.
- No tendrás que incurrir en pagos por el cierre ni otros gastos comunes que se generan al comprar una propiedad.

Ahora bien, las principales desventajas de rentar son:

- En el sentido literal y simbólico, no tendrás casa, pues estarás pagando todos los meses para vivir bajo un techo ajeno.
- Todo el dinero que pagues en las mensualidades, que por lo general significa una porción considerable del ingreso familiar, se irá para siempre.
- No podrás utilizar la vivienda como fuente de capital y riqueza para tu familia.
- No tendrás libertad para adaptar la vivienda según tus gustos. No podrás, por ejemplo, cambiar los colores de las paredes, hacer alteraciones en los suelos o eliminar alfombras, ni tendrás la libertad de hacer modificaciones de espacios, entre otros arreglos.
- No podrás deducir ciertos impuestos en el pago de la planilla de contribución sobre ingresos.
- Al no tener derechos como propietario, no podrás influir en las decisiones que se tomen en el vecindario donde radica la vivienda.
- Estarás sujeto, aunque no lo desees, a tener que abandonar la propiedad y mudarte cuando se venza el contrato de la renta.
- Debes pagar una fianza de dos o hasta tres meses, por lo que el desembolso inicial puede compararse con los costos iniciales de la compra de una propiedad. Además no tendrás control en los aumentos de precio al momento de renovar tu contrato anual y podrías ser desahuciado en caso de una ejecución de esa propiedad.

Ventajas de comprar una propiedad:

- La propiedad usualmente ganará valor acumulado (*equity*)

con el paso de los años. Si la vendes tendrás una ganancia adicional.

- Experimentarás una sensación de comunidad, estabilidad y seguridad.
- Tendrás la libertad de cambiar la decoración y las áreas verdes a tu gusto cuando así lo desees. No dependerás de que otra persona se ocupe de mantener la propiedad en buen estado.
- Podrás deducir de tu planilla de contribución sobre ingresos parte del interés de la hipoteca y los impuestos de bienes raíces.

Desventajas al comprar:

- Serás responsable del mantenimiento de la propiedad.
- Tendrás que asumir la responsabilidad de pagar por los impuestos sobre la propiedad.
- Te expones a la posibilidad de sufrir un embargo hipotecario (*foreclosure*) o una pérdida del valor acumulado en caso de que no pagues la propiedad.
- Tendrás menos movilidad que si alquilas.

Ahora bien, ¿Qué necesito preguntarme para saber si puedo comprar?

1. ¿Mi crédito está en buen estado? Debes evaluar con honestidad si has cumplido a tiempo con todos tus pagos mensualmente y no reflejas atrasos recientes (en los últimos dos años) que puedan haber afectado tu historial crediticio.

2. ¿Tienes empleo permanente? Si eres empleado por cuenta propia, deberás demostrar estabilidad de ingreso por los últimos dos años.

Si la contestación a estas dos preguntas es afirmativa, entonces estás listo para solitiar una precualificación a una institución financiera. Si tienes buen crédito y empleo, tendrás la aprobación del banco, pero eso no significa que debas comprar una casa al precio máximo que te aprueben. Tú mejor que nadie sabes si tienes otros gastos que muchas veces no aparecen en tu informe de crédito. Evita sentir que "no puedes respirar" porque te ahogan tus pagos mensuales.

Otro punto importante es saber con cuánto dinero cuentas en "ahorros". Aunque consigas un financiamiento del cien por ciento del valor de la propiedad, de todas maneras necesitarás cubrir gastos de informe de crédito, tasación, inspección, y mudanza. El banco te podría prestar el cien por ciento del precio de venta, sin embargo, deberás pagar los gastos de la transacción, que no están incluidos en el préstamo. Además, lo más recomendable para que comiences con el pie derecho es comprar una propiedad cuando puedas dar un pronto pago (*down payment*) de por lo menos el veinte por ciento del precio de venta. Así, de entrada, ya esa propiedad tiene capital "*equity*", por lo que el pago será mucho menor. También es recomendable que tengas una reserva de por lo menos seis a ocho meses del pago mensual de la hipoteca, para emergencias que te puedan surgir durante la compra o una vez hayas comprado la propiedad.

¿Qué tipo de propiedad quiero?

Para determinar esto debes pensar en tu familia. Si tienes niños pequeños y te gustaría que tengan patio o te gusta trabajar en el jardín, una casa independiente sería tu mejor opción. ¿Qué características debe tener? Analiza la cantidad de habitaciones mínimas que necesitas y los baños. Toda familia de hoy busca también un *family room* para compartir luego del trabajo. Una terraza es ideal y además puede ser un espacio adicional en el que podrías construir luego, si la comunidad donde vivirás lo permite.

¿En qué lugar voy a comprar?

Esto es fundamental. ¿Quieres vivir en plena ciudad, en un área turística o en zona rural? Haz una lista de los requisitos básicos que debe tener la comunidad donde vivas. ¿La estabilidad del vecindario es una prioridad? ¿Cerca de dónde quiero que esté mi casa? Entre las consideraciones que debes tener presente se encuentran: la necesidad de escuelas, hospitales, áreas de compra o de entretenimiento cercanas a la propiedad. Además, piensa en las facilidades recreativas comunes que te interesan, como piscina, canchas deportivas o senderos para caminar.

Antes de elegir la propiedad que vas a comprar, plantéate la siguiente pregunta: ¿Cuáles son mis planes de vida a corto y a largo plazo?

La época de comprar para vender en unos meses, ya pasó. Ahora tienes que comprar pensando en tus planes a largo plazo. Si estás considerando la idea de mudarte pronto a otra ciudad, es mejor que permanezcas alquilando una vivienda, a menos que estés dispuesto a tomar el riesgo de dejar tu propiedad rentada. En estos tiempos en que el mercado hipotecario enfrenta grandes retos económicos –aunque en algunas localizaciones los precios se han mantenido estables– no es fácil vender rápidamente una vivienda a menos que sacrifiques de forma significativa tus ganancias.

Otra pregunta que conviene que te hagas antes de comprar una vivienda es: ¿Qué obligaciones tendré como propietaria?

La mujer rica tiene presente que cuando compra una propiedad adquiere nuevas obligaciones. Entre tus responsabilidades se encuentran: los pagos de impuestos (*taxes*), de seguro y de mantenimiento. Además, tendrás que cumplir con las reglas y restricciones de la comunidad donde compras. De todas maneras el balance sigue siendo positivo, pero debes saber todas las obligaciones que implica una compra antes de hacerla. A medida que veas propiedades, notarás que tus prioridades probablemente se irán ajustando sobre la marcha.

Decidirse a comprar

La decisión de comprar tu primera casa es una de las mejores decisiones y de las más importantes que tomarás en tu vida. Después de todo, una casa es la inversión más importante (y más emocional) de la vida para la mayoría de las personas. Entonces, ¿cómo saber si es el momento adecuado para comprar tu primera vivienda? La clave es encontrar una buena compra y tomarte el tiempo para evaluar tu situación económica y tus verdaderas necesidades cuidadosamente.

Encontrar la propiedad

Existen innumerables alternativas para encontrar una propiedad. Hay muchos lugares en la Internet que te pueden dar acceso a las listas de las propiedades que están a la venta. Si puedes contactar al vendedor directamente, podría ser que logres una transacción mejor, pues no habrá una tercena persona (corredor de bienes raíces) involucrado en el proceso.

Por otro lado, puedes contratar un corredor de bienes raíces. La gran ventaja para el comprador es que no tendrá que pagarle por sus servicios ya que la comisión en la mayoría de las ocasiones corre por cuenta del vendedor. Si estás utilizando un corredor de bienes raíces para tu compra, entonces, la comisión pagada por esa venta se dividirá entre ellos dos, el corredor del vendedor y el tuyo. Como quiera tú, como comprador, no pagarás por esa comisión.

El agente te orientará sobre las condiciones actuales del mercado. Analizará lo que deseas y necesitas en tu nueva casa. Te guiará a propiedades que satisfagan tus criterios. Coordinará el trabajo de los demás profesionales que sean necesarios a lo largo del proceso de la compra. Negociará con el vendedor en tu nombre. Verificará los documentos y los plazos de entrega de estos y solucionará los problemas que puedan surgir durante la transacción. El agente debe orientarte acerca de los programas de gobierno (si existe alguno) para facilitar la compra de tu vivienda. Si la persona que te sirve de agente no tiene todas las características que acabo de mencionar, busca otro de inmediato.

Precualificación

Una precualificación para un préstamo, es un estimado que se hace para evaluar la capacidad de pago que tiene el aspirante a comprador. Antes de lanzarte al mercado en busca de tu nuevo hogar, es recomendable precualificar para un préstamo hipotecario (si la compra no es en efectivo), de modo que cuando se te presente la oportunidad ideal estés preparada para hacer una oferta sobre una propiedad. La precualificación sirve como una guía para buscar tu residencia y tiene dos objetivos principales:

1. Se ajusta a tu realidad financiera, porque te permite identificar la cantidad del préstamo hipotecario para el que eres elegible. Así no pierdes tiempo considerando propiedades que no vas a poder comprar.
2. Aligeras el proceso de la transacción. Con la carta de precualificación los vendedores estarán un poco más seguros de que tu intención es honesta.

Para precualificar:

1. Elige una institución financiera que conozcas (sobre todo que te brinde servicio de calidad y confianza) y completa la forma requererida con la siguiente información:
   a. Ingreso Bruto Mensual (deudor y codeudor - si aplica)
   b. Gastos Mensuales (deudor y codeudor)
      i. Automóviles
      ii. Tarjetas de Crédito, Préstamos estudiantiles
      iii. Otras deudas
   c. Firmas la autorización para verificar tu puntuación crediticia

Después de analizar tu solicitud de precualificación e historial de crédito, la institución podría denegar la aprobación de la solicitud (deberá incluir la justificación de por qué no fue aprobada) o puede enviarte tu carta de precualificación. Esta carta te informará los términos del préstamo (incluirá la tasa de interés, una posible cantidad que se va a requerir como depósito, y los cargos de originación, que son parte de los gastos del préstamo).

La carta de precualificación no constituye una aprobación de préstamo, o un compromiso del banco con la tasa de interés, los cargos ni los términos del préstamo. De hecho, cualquier cambio en la posición financiera del solicitante o en su historial crediticio puede anular los términos de la carta de precualificación. Sin embargo, es un buen comienzo y es una práctica muy utilizada en la industria.

La vigencia de este documento es limitada, de sesenta a noventa días después de ser emitida. Así que, tan pronto recibas tu documento, comienza a buscar la propiedad de tus sueños.

Elige un originador de préstamos (Mortgage Loan Originator – MLO) que te ofrezca un servicio de primera. La mujer rica sabe que la calidad del servicio es particularmente importante para quienes nunca han comprado una vivienda.

Por lo mismo, un servicio de primera debe proveerte:

- Un originador que esté disponible y que te pueda contestar todas tus interrogantes de forma diligente.
- Una persona con la que te sientas en confianza. Si después de hacerle algunas preguntas, no te sientes a gusto, simplemente visita otra institución financiera o pide que te atienda otro originador de préstamos.
- Un recurso que te ayude a completar tu solicitud de préstamo hipotecario, y que te mantenga al tanto de lo que ocurra durante el proceso de aprobación del préstamo.

Los originadores de préstamos son especialistas en hipotecas, usarán tu información de crédito, finanzas y empleo para ver si cualificas para un préstamo hipotecario. Luego te presentarán opciones de financiamiento hipotecario que se ajusten a tu capacidad financiera.

Si NO le has facilitado tu información financiera al MLO, no podrás recibir un estimado más efectivo del costo de tu préstamo.

A veces nos quejamos de lo mucho que se tarda la institución financiera para aprobar la transacción. Para que esa decisión sea rápida debes proveerle todos los documentos que te solicita.

Hacer una oferta

Una vez que hayas encontrado una casa que te encante, el siguiente paso es hacer una oferta atractiva.

Si bien es altamente probable que cuando encuentres una casa que te encante las emociones vayan a estar a flor de piel, no te enamores de la casa. Una propiedad es una inversión... solo eso. A la hora de comprar, debe prevalecer la razón sobre las emociones.

Una mujer rica sigue estos consejos:

- Nunca compres la mejor casa del vecindario.
- En algunos mercados, conviene que hagas una oferta entre diez y treinta por ciento por debajo del precio sugerido.
- Compara precios y condiciones de la propiedad versus otras propiedades similares.
- No creas todo lo que te dicen los vendedores. Busca información en la Internet y en el Registro de la Propiedad, a lo mejor el precio de la propiedad no es comparable con los precios de las propiedades vecinas y tú no deseas pagar más del valor real.
- Si la propiedad está en un condominio, pregunta si le puedes hacer cambios a la estructura (identifica cuáles son las paredes estructurales que no se pueden cambiar).

Depósito de Opción de Compra

El depósito de opción es un depósito de buena fe que te solicita la parte vendedora. Los vendedores también pueden ser los bancos, en el caso de propiedades reposeídas. Este dinero es solicitado para sacar la propiedad del mercado y dejarla de ofrecer a otros prospectos interesados, con la promesa de que el prospecto comprador estará haciendo los trámites necesarios para poder comprar la casa. Este dinero se le acreditara al precio de venta o a los gastos de cierre del financiamiento hipotecario. La parte vendedora puede solicitarte la cantidad de dinero que desee para poder separar la propiedad, no hay un número mínimo ni máximo establecido legalmente para esto. La cantidad de ese depósito puede ser negociable. Hay veces en donde el dueño de la propiedad vende directamente sin agente de bienes raíces como intermediario y ni siquiera solicita una opción de compra como garantía. Si el vendedor te hace una contraoferta, tendrás que negociar hasta que ambos concuerden en los términos de la venta. Puede ser que en algunos estados te requieran de un diez a un veinte por ciento como depósito.

Solicita una inspección de la vivienda, ¿Qué cubre la inspección?

Presenta tu oferta sujeta a la condición en que se encuentre la propiedad según el informe que te hagan luego de realizar una inspección minuciosa de la vivienda. Una inspección te indicará la condición en que se encuentra la casa y puede ayudarte a evitar comprar una vivienda que necesita reparaciones mayores. Contratar un inspector puede ser una de las medidas más importantes que puedes tomar para asegurarte de que la propiedad que interesas comprar está en buen estado. Un inspector autorizado puede descubrir defectos en la vivienda que podrían costarte mucho dinero más adelante (un techo que hay que reemplazar o un problema estructural, etc.). Asegúrate que la experiencia del inspector sea en el área residencial. La inspección de una casa puede tomar entre dos y tres horas.

¿Cuál será el costo de la inspección?

Un costo aproximado de una casa unifamiliar (*Single Family*) puede fluctuar enre trescientos a quinientos dólares. No selecciones automáticamente la inspección más barata. La calidad es importante. La mayoría de los inspectores presentarán informes dentro de las venticuatro horas siguientes.

Financiamiento - ¿Dónde se consigue una hipoteca?

En tu propio banco o institución financiera. Tu banco puede ofrecerte mejores condiciones para una hipoteca porque ya eres cliente de ellos. Comienza a orientarte en el banco en donde tienes tus cuentas de cheques o ahorros. Muchas veces te ofrecerán mejor opción. Sin embargo, busca todas las ofertas y –sin miedo– disponte a negociar con todos por igual.

Sin embargo, para poder ganar más rápido la carrera, debes proveer los siguientes documentos a la institución financiera que elegiste:

- Planilla de impuestos por los últimos dos años (Individuo o Negocio).
- Talonarios de pago (últimos tres meses).
- Estados bancarios (dónde tienes guardado el dinero del pronto y los gastos de cierre) (durante los últimos tres o cuatro meses del proceso).
- Contrato de compraventa.
- Nombre, dirección y teléfono del vendedor.
- Número de identificación de la propiedad para los impuestos de la propiedad (*property taxes*). Con este número se consigue toda la información de la propiedad.
- Escritura de la propiedad sujeto (la propiedad a comprar).

Además debes permanecer en control de tu crédito y situación económica. Si te sientes tentada de hacer alguna compra importante durante este tiempo, es mejor que primero hables con tu originador de préstamos (MLO). También debes permanecer en contacto con tu originador, devolver todas sus llamadas y completar oportunamente toda la documentación que se te requiera. De esa forma la fecha de cierre no tardará en llegar y tu sueño de comprar una propiedad se hará realidad.

No culpes a la institución financiera por retrasos que hayan sido causados por tu inhabilidad de darle la documentación requerida para la aprobación del préstamo.

¿Quién es quién en el proceso de la transacción?

- **El originador de préstamos hipotecarios** (MLO, por su siglas en inglés) – Origina tu préstamo. Completa tu solicitud.
- **El procesador de préstamos** – Prepara la información y solicita más documentos si son indispensables para la aprobación. Calcula correctamente y verifica que todas las cifras en la transacción estén correctas.
- **Underwriter** – Evalúa y valida que seas elegible para el préstamo que solicitaste. Aprobará o rechazará tu solicitud de préstamo sustentándose en tu historial de crédito, historial de empleo, activos, deudas y otros factores.
- **Oficial de Cierre** – Coordina el cierre, registra los documentos del cierre y distribuye el dinero entre las personas y organizaciones correspondientes.
- **Abogados** – Garantizan que se inscriba el título de tu propiedad y que todos los documentos estén debidamente redactados conforme a las regulaciones federales.

Casas reposeídas (Foreclosure)

En los últimos años, debido a la crisis económica, cientos de miles de personas no han podido satisfacer las mensualidades de las viviendas que compraron hace algunos años. Los bancos están tratrando de recuperar su inversión de forma bien agresiva. La mujer rica podría considerar comprar una propiedad reposeída por el banco. Solo debes solicitar las listas de los bancos y averigua si hay alguna propiedad que te interese. Considera ir a:

1. **Subastas** – Debes orientarte, porque en la mayoría de las subastas aceptan solo dinero en efectivo, sin financiamiento, y es posible que no se te permita inspeccionar la propiedad. Además, es esencial que adquieras información muy precisa sobre el vecindario y el mercado, y estés dispuesta a aceptar un alto nivel de riesgo.

2. **Ejecución hipotecaria (*Foreclosure*)** – La gran ventaja de esta opción podría ser que la hipoteca de la vivienda todavía no ha sido ejecutada, es decir, aún no se ha gestionado la ejecución hipotecaria. ¿Dónde puedes encontrar estas oportunidades? Busca en los récords públicos, y en los sitios web dedicados exclusivamente a *foreclosures,* lo que se llama *"Notice of Default"*, el aviso que debe presentar todo prestamista cuando ve que el dueño de la vivienda corre peligro de perder su propiedad. Si te es posible, trata de comprar la casa de esta forma: procura lidiar con mucho tacto con el dueño actual y con toda probabilidad él te dará toda la información necesaria sobre la propiedad.

Tasación

Otra alternativa es conseguir un tasador para que haga la tasación de la propiedad. La tasación es un cálculo realizado por un especialista para obtener una aproximación lo más cercana posible a la realidad del valor de una propiedad. El tasador es un profesional calificado, que mediante su conocimiento del mercado inmobiliario, del valor del tipo de construcción y otras apreciaciones, determina el valor de una propiedad. Las instituciones financieras siempre tasan las propiedades antes de otorgar un préstamo.

> *Si tu compra depende de un financiamiento, debes tener muy claro que el banco te prestará de acuerdo al valor menor entre la tasación y el precio de venta. Es decir, el banco difícilmente prestará más de lo que la propiedad pueda costar.*

Si el precio de venta es $100,000 y el valor de la tasación llegó por $80,000; el banco le prestará un por ciento (*Loan to Value*) del valor menor de los dos; en este caso, de $80,000. Esto significa que tendrás que aportar más dinero de pronto pago en el cierre (en este ejemplo, si te prestan el cien por ciento, deberías aportar $20,000 más los gastos de cierre). No firmes contratos hasta que no estés al tanto del valor de la propiedad por medio de una tasación.

> *Si aún no lo sabes, entonces firma un contrato contigente al valor de la tasación. Esto significa que el contrato debe tener una "cláusula" que mencione que el precio aceptado es "sujeto a tasación".*

¿Cómo se determina el valor de una propiedad? ¿Qué evalúa un tasador?

- La ubicación es un aspecto fundamental. En ese sentido, los servicios de la zona resultan esenciales: desde zonas verdes hasta lugares de ocio, servicios escolares, médicos o supermercados. En la medida en que la calidad y cantidad de esos servicios sea mayor, más aumentará el precio de la propiedad.
- En el caso de que sea en un condominio, un piso alto en la mayoría de las ocasiones tendrá más valor.
- Una casa en zona urbana, con una amplia red de transportes alrededor, tendrá más valor que una casa localizada en un pueblo aislado, de difícil acceso.
- La cantidad de pies cuadrados en comparación con las propiedades del vecindario.
- Las propiedades ganarán más valor si el espacio está bien distribuido (una propiedad con cuatro habitaciones y un

solo baño posiblemente tendrá menos valor que otra que posea una cantidad de baños correspondiente a la cantidad de habitaciones).

- Se analizarán la calidad y las terminaciones de todos los elementos, así como las instalaciones (carpinterías, pinturas...), si tiene teléfono, gas, agua caliente, calefacción, aire acondicionado...). Si posee patio, también se mide cada área y se anotan sus peculiaridades.
- La antigüedad del inmueble es un dato interesante para la tasación, pero no determinante. La calidad de la construcción es lo que realmente se mide al momento de otorgarle valor a la propiedad.
- Las comparables; la tasación podrá hacerse por comparación con otras propiedades (de tres a cinco) que tengan descripciones similares y que guarden una distancia máxima de cinco millas con respecto a la propiedad. Estas comparables deben haberse vendido en los últimos seis meses.
- El interior de la casa – el tasador observará las condiciones del interior para determinar si está al nivel de las propiedades comparables. El tasador analizará las distintas habitaciones de la casa y las medirá.
- El exterior de la casa – el tasador deberá determinar si el exterior de la casa necesita reparaciones o si se encuentra en condiciones comparables a otras propiedades similares existentes en el área circundante.

¿Cómo vender una casa por tu cuenta?

Si tu decisión es vender tu casa por tu cuenta, es recomendable que tomes en cuenta lo siguiente:

- **Determina cuándo pondrás a la venta tu casa** – Y planifica a dónde vivirás luego de la venta. Prepárate con tiempo, como si fueras a lograr la venta rápidamente, de manera que evites el estrés de tener que mudarte a toda prisa.

- **Confirma el valor de tu propiedad** – No te dejes llevar por rumores o sentimientos. Tu casa no vale lo que te diga el vecino o lo que tú creas que debería ser su valor. Cada propiedad tiene un valor real determinado por las condiciones del mercado. Si tienes dudas, la mejor opción es solicitar una tasación. Esa valoración te hará poner un precio justo a tu vivienda, lo que puede aumentar las probabilidades de que la casa se venda más rápido.
- **Evalúa cuánto cuestan los anuncios para este tipo de venta y dónde te resulta más conveniente colocarlos** – Si en tu lugar de residencia funcionan bien los periódicos impresos, considera poner anuncios clasificados. Usualmente los de venta de propiedades no son muy costosos y es fácil de contratar, solo tendrás que enviarles la información que deseas publicar.
- **Los anuncios por Internet están de moda y también suelen ser económicos** – Pero te sugiero que limites los esfuerzos de venta al público que tú quieres que llegue. Enfócate en los sitios de la web que son más populares en venta de propiedades.
- **Avísale a tus vecinos o amigos que vas a vender tu propiedad** – La promoción de boca en boca no cuesta nada y en ocasiones es muy efectiva. Si tienes vecinos contentos con la comunidad les gustará saber que hay propiedades disponibles para notificarles a sus conocidos.
- **Prepara tu casa lo más neutra posible** –Evita tener objetos que hagan alusiones religiosas o políticas. Y si es posible empieza a guardar aquellos adornos u objetos personales (fotos familiares, diplomas, etc.) que solo comunican que esa es tu casa, y no le permiten a los posibles compradores imaginarse viviendo en la propiedad. Esas son algunas recomendaciones básicas en lo que respecta al interior, pero no descuides el exterior. Asegúrate que el patio esté limpio y las paredes exteriores (así como las interiores), estén pintadas y limpias.

- **Organiza la documentación para la venta** – Ten a la mano la escritura de la propiedad, el número que identifica la casa para efectos contributivos y procura estar disponible para poder mostrar la propiedad.

Si ya tienes la cita con el tasador, entonces trata de seguir estas recomendaciones antes de que el tasador visite tu propiedad:

- **Crea espacio** – Quita esa pared que no aporta nada o mueve los muebles, cualquier idea es buena para tratar de dar amplitud.
- **Mejora la iluminación dentro de la vivienda** – Cuanto mejor sea la iluminación de una vivienda, mejor aspecto tendrá la propiedad. Cambia las bombillas para poner otras que den más luz o incluso que aporten una tonalidad más clara al interior. Como puedes ver, esta es una recomendación que no requiere una gran inversión de dinero.
- **Repara goteras y otros desperfectos** – Eliminar un mueble que tiene arañazos o reparar un cristal golpeado son esos pequeños detalles que pueden mejorar –y mucho– la impresión del tasador.
- **Ten presente que la casa empieza en la puerta principal y por tanto el aspecto de la entrada es vital** – Repara imperfecciones en la puerta, una mano de pintura o barniz pueden ser la mejor de las inversiones.
- **Mucha atención al baño** – La cocina y el baño son los puntos críticos de un hogar para la mayoría de las personas. Aunque una remodelación total puede ser costosa, un "lavado de cara" es fundamental y bastante económico. Cambiar las cortinas de la ducha, la barra de la cortina (si está mohosa o muy deteriorada) o la taza del inodoro, pueden crear una imagen muy diferente de estos puntos clave.
- **Arregla las plantas** – Si vives en una casa con jardín o con terraza y tienes plantas en ellos, asegúrate de que tienen

buen aspecto. Contar con un jardín bien cuidado y con las plantas adecuadas podría aumentar el valor de la vivienda entre un cinco y un once por ciento.

- **Mejoras con bajo presupuesto**
    - Cambia accesorios sencillos como llaves e interruptores eléctricos de toda la casa.
    - Pinta la casa (interior y exterior).
    - Otros detalles que pueden ayudarte es cambiar las cerraduras viejas de las puertas, limpiar las ventanas y rellenar esas pequeñas grietas que dejan los clavos por cuadros u otros objetos decorativos que alguna vez estuvieron colgados en las paredes.

Factores que pueden aumentar el valor de una propiedad:

- Si las ventas aumentan, el mercado se vuelve más sólido, lo que impacta positivamente a las viviendas.
- Nuevas construcciones de escuelas, centros comerciales en la periferia de la propiedad. Tener facilidades buenas y necesarias en un área cercana tiene gran impacto en el valor de las viviendas y comunidades donde están localizadas.
- Mejoras bien hechas. Fíjate en esas dos palabras claves, "bien hechas". Una renovación planificada, que cuente con los permisos adecuados, materiales de calidad y que luzca bien será muy positiva para tu propiedad.

Factores que pueden disminuir el valor de una propiedad:

- Que la vivienda esté en una zona inundable – Es importante conocer esto antes de comprar la propiedad. No significa que no se venden o no aumentan de valor luego, pero hay que estar consciente de los gastos que implica este tipo de ubicación en cuanto a seguros y los riesgos.
- Que los alrededores de la vivienda estén desmejorados o descuidados – La necesidad de una mejora cosmética no impacta grandemente, como por ejemplo tener que cortar la grama o hasta la limpieza de calles, pero si esas áreas

están en malas condiciones, abandonadas o requieren un arreglo mayor, podrían afectar el valor de la propiedad.

- Que otras viviendas o las facilidades recreativas estén abandonadas – No solo es importante que tu vivienda esté en óptimas condiciones y bien mantenida, también que esté en una comunidad donde las viviendas que están a su alrededor se mantengan muy bien. Igual sucede con las facilidades recreativas, no basta con que las haya para que impacten positivamente el valor de las viviendas. Tienen que estar funcionales y en buenas condiciones.
- Que se vendan las otras "comparables" a precios bajos. El precio al que tú vendes tu vivienda impacta al resto de los propietarios de la zona. Si varios dueños venden su casa a un bajo precio, eso marcará pautas en tu mercado de vivienda.

Una vez tengan claro el valor de la propiedad, y el banco reciba la tasación, tu préstamo podrá ser aprobado y llegarás a la etapa del cierre. El coordinador de cierre analizará el estudio de título de la propiedad. El estudio de título es un análisis que realiza un abogado, para verificar las hipotecas, gravámenes y prohibiciones de la propiedad en compraventa, por un período de treinta años. Este estudio es indispensable para los bancos, se realiza para asegurar que el traspaso del dominio no afecte sus intereses sobre las garantías que se otorgarán a su favor sobre la propiedad en compraventa, con el motivo de garantizarle el préstamo realizado al comprador. En otras palabras, te garantiza que la propiedad pasa a tu nombre sin ningún tipo de problemas.

Seguros - Maneras de reducir los costos de seguro de vivienda:

- *Shop around* – Consulta a tus amigos, las Páginas Amarillas de la Guía Telefónica o contacta al departamento de seguros de tu estado. Esto te dará una idea de los rangos de precios y te ayudará a descubrir qué compañías tienen los precios más bajos.

- Aumenta tu deducible – Los deducibles son la cantidad de dinero que tienes que pagar de una pérdida antes de que tu compañía de seguros comience a pagar una reclamación, de acuerdo con los términos de tu póliza. Cuanto más alto el deducible, más dinero podrás ahorrar en tus primas. Pero antes de tomar esta decisión, házte dos preguntas:
  - ¿Tengo probabilidad de hacer reclamos? Recuerda que tendrás que pagar la cantidad del deducible cada vez que hagas un reclamo. Así que, si haces más de uno o dos reclamos durante unos pocos años, si aumenta tu deducible probablemente acabarás pagando más.
  - ¿Puedo costear un deducible más alto? No pongas un deducible demasiado alto que después no puedas pagar si pasa algún imprevisto.
- No confundas lo que pagaste por tu casa con el costo de reemplazo – La tierra debajo de tu casa no está en riesgo de robo, entre otras cosas. Así que no incluyas su valor, si lo haces, tendrás que pagar una prima más alta de lo que deberías. El costo de reemplazo lo consigues en la tasación. El banco debe proveerte esa información en la aprobación. El costo de reemplazo es la expectativa de la cantidad de dinero que se necesita para construir una nueva estructura igual a la existente.
- Compra todas tus pólizas con la misma aseguradora – Puedes ahorrar desde el cinco hasta el quince por ciento de descuento de tu prima si compras dos o más pólizas con ellos. Pero asegúrate de que el precio de todas las pólizas sea menor que la compra de las diferentes coberturas de diferentes empresas.
- Mejora la seguridad de tu hogar – Generalmente, puedes obtener descuentos de al menos el cinco por ciento por colocar detectores de humo, alarmas o cerrojos. Algunas compañías ofrecen reducir tu prima hasta en un quince o veinte por ciento si se instala un sistema de riego sofisticado y alguna alarma contra incendio.

- Busca otros descuentos – Por ejemplo, dado que los jubilados se quedan en casa más tiempo que las personas que trabajan afuera, tienen menos probabilidades de que les roben y también podrían detectar incendios antes. Si tienes por lo menos cincuenta y cinco años de edad y estás jubilada, puedes cualificar para un descuento de hasta el diez por ciento en algunas empresas.
- Asegúrate de mantener un buen historial de crédito – Como te mencioné anteriormente, un sólido historial de crédito puede reducir tus costos de seguro.
- Revisa los límites de tu póliza y el valor de tus posesiones, al menos, una vez al año – Recuerda que el seguro de inundación y los daños en caso de terremoto no están cubiertos por una póliza de propietario de vivienda estándar. Si compras una casa en una zona propensa a las inundaciones, tendrás que pagar por una póliza de seguro contra inundaciones que cuesta un promedio aproximado de quinientos dólares al año.

¡¡¡Por fín estás lista para el "cierre"!!!

Recuerda SIEMPRE: ¡La mujer rica se asegura de leer todo antes de firmar!

LA MUJER RICA

TIENE UNA ACTITUD POSITIVA HACIA TODO[19]

¿Cuántas veces diariamente puedes detectar nuevas oportunidades económicas y las cancelas automáticamente porque comienzas a decir "NO" puedo, no tengo el tiempo, etc.?. Cuando cambies tu actitud respecto al dinero, cambiará la cantidad de dinero que recibes en tu vida. Cuanto más positivos sean tus sentimientos respecto al dinero, más dinero atraerás. Si no tienes mucho dinero, no te hará feliz recibir facturas. Pero cuando reaccionas de forma negativa a una factura elevada, transmites sentimientos negativos a eso que llamamos "Universo", y con toda seguridad recibirás más facturas de ese tipo. Lo que das vuelve a ti. ¿Podrías imaginar que esas facturas son el resultado del maravilloso servicio que te ofrecen? Este ejercicio te hará sintonizarte con un sentimiento de gratitud profundo por el solo hecho de haber disfrutado los servicios que estás pagando en esas facturas.

Cuando comienzas a atraer las energías positivas en el trabajo, en tu relación de pareja y en otros aspectos importantes de tu vida, comienzas a asumir que la gente es razonable, honesta, comprometida y agradecida. Aunque no todo el mundo es razonable, honesto y agradecido, la mayoría de las personas sí lo son, y puedes vivir tu vida en una de dos maneras: pensar que la gente es mala mientras no se demuestre buena... o pensar que la gente es buena hasta que se demuestre mala. A diario tenemos que convivir con personas totalmente distintas a nosotras y aunque no somos "moneditas de oro" para caerle bien a todo el mundo, es importante mantener una actitud positiva siempre ante cualquier situación que tengamos que manejar. En última instancia, te aseguro que te va a gustar más gente si confías en la premisa de que "la gente es buena hasta que se demuestre mala".

La mujer rica sigue estos pasos:

- Visualiza lo exitosa que quiere ser.
- Resiste los ambientes negativos.
- Tiene en cuenta siempre un plan B.
- Aprende a aceptar el cambio.

La mayoría de las personas alcanzan la prosperidad y estabilidad económica después de los cuarenta años de edad, tras varios años de esfuerzo, de prueba y error. ¿Por qué comenzar a los cuarenta?

> *La ley de la atracción no se cuestiona si lo que imaginas y sientes es real. Responde a lo que das, y punto. Si tus pensamientos están conectados a la abundacia y a la properidad, seguro verás un cambio inmediatamente.*

Probablemente las personas que voy a mencionar, se hicieron estas preguntas y sus interrogantes les ayudaron a reflexionar sobre su propia combinación de fortalezas y límites. Esto no es una "prueba", sino una "oportunidad" para empezar a pensar acerca de tus propios retos y limitaciones.

- ¿Eres consciente de tus sentimientos y sabes por qué te sientes de esa manera?
- ¿Eres consciente de tus limitaciones, así como de tus fortalezas personales como líder?
- ¿Puedes manejar las emociones angustiantes? ¿Te recuperas rápidamente cuando te enojas o estás estresada?
- ¿Te puedes adaptar fácilmente a las realidades cambiantes?
- ¿Mantienes tu enfoque en tus metas principales, y en conocer los pasos que necesitas para llegar hasta donde te has propuesto?

- ¿Puedes sentir y entender los sentimientos de las personas que interactúan contigo y puedes comprender también su forma de ver las cosas?
- ¿Puedes guiar una negociación hasta lograr un acuerdo satisfactorio, y ayudar a resolver los conflictos que surgen a veces al negociar?
- ¿Trabajas bien en un equipo, o prefieres trabajar por tu cuenta?

Si pudiste detectar algunas limitaciones en las contestaciones a estas preguntas, como, por ejemplo: ¿Eres una persona que te encanta controlar todo y no te gusta delegar? Definitivamente, eso es una gran limitación con la que deberías trabajar para tener más éxito y vivir más relajada.

La buena noticia es que tu inteligencia emocional puede cambiar cuando tú misma lo decidas. La mente es una de las herramientas más poderosas del ser humano. La mente es nuestra gran aliada si sabemos utilizarla en forma correcta.

Estos líderes supieron "rechazar el rechazo" y perseveraron en la búsqueda del éxito. Hoy por hoy, han transformado al mundo.

1. **Walt Disney** – El periódico *Kansas City Star* despidió al padre de Mickey Mouse por su alegada falta de creatividad, porque según ellos "no tenía imaginación".

2. **J.K. Rowling** – La reconocida autora del mega éxito literario y cinematográfico Harry Potter, fue rechazada por doce editoriales. La autora afirma que todas las decisiones empresariales que ha tomado se alimentan de la época más oscura de su vida.

3. **Oprah Winfrey** – Superó el abuso sexual. Aparte de animar por más de dos décadas uno de los *talk shows* de más éxito en la televisión norteamericana, la presentadora ha sido nominada al Premio Oscar por su rol como actriz, es editora de su propia revista y posee su propia casa

productora, Harpo Entertainment Group. Hoy por hoy, Oprah es una de las mujeres más influyentes del planeta.

4. **Steve Jobs** – En el año 1985 Jobs fue despedido de su propia empresa. La junta directiva de Apple decidió despedir a su fundador para mover a la empresa por la misma línea que otras firmas como IBM y Microsoft. Tras su salida de Apple, Jobs no perdió el tiempo ya que fundó dos nuevas empresas: NeXT y Pixar, que de inmediato revolucionaron la industria cinematográfica. Mientras tanto, Apple comenzó a descender del sitial que ostentaba y cuando se encontraba tan mal que ya la empresa no resultaba atractiva para ningún inversionista, Jobs volvió a la compañía, inventó el iMac y no solo la sacó a flote, sino que volvió a elevarla al trono en el que se encontraba durante sus años de gloria. Desde entonces –y hasta hoy– Apple no ha hecho más que crecer y crecer —en gran parte gracias a Steve Jobs, quien le dio vida a la empresa en dos ocasiones: la primera cuando la creó y la segunda al resucitarla cuando estaba muerta.

5. **Henry Ford** – No lograba vender autos. En 1893 diseñó el primer vehículo impulsado por gasolina. No fue hasta que en 1913 Ford patentó la línea de ensamblaje para la producción en masa, cuando logró el éxito.

6. **Milton Hershey** – Fracasó tres veces. Con una combinación de trabajo duro, esfuerzo y una perseverancia extraordinaria, el empresario logró fundar la mayor empresa chocolatera del mundo. Hershey siguió luchando hasta que encontró un inversionista dispuesto a ayudarle.

7. **Howard Schultz** – ¿Sabías que fue rechazado 214 veces antes de encontrar un inversionista interesado en Starbucks? ¿Seremos capaces de perseverar y tendremos la voluntad de "rechazar el rechazo" como lo hizo Schultz? La mujer rica ve el fracaso como algo pasajero, se impone

metas realistas y solo se enfoca en las fortalezas que posee en su interior.

8. **Steven Spielberg** – La Universidad del Sur de California no aceptó a Spielberg cuando solicitó ingreso para su escuela de cine, sin saber que algunos años más tarde se convertiría en uno de los cineastas más importantes del mundo.
9. **Marilyn Monroe** – El primer contrato que firmó con Columbia Pictures terminó porque según los directivos de la empresa, ella no era ni suficientemente bonita ni tenía el talento para ser actriz... Ella insistió, y hoy en día aún es considerada una de las actrices más emblemáticas de Hollywood y una *sex symbol* de todos los tiempos.
10. **Vincent Van Gogh** – Se dice que mientras estaba vivo, solo vendió uno de sus cuadros a un amigo suyo. Muchas veces, pasaba hambre para poder crear sus obras. Hoy en día, su trabajo es tan valioso que resulta incosteable para la mayoría de las personas.
11. **Vera Wang** – No consiguió diseñar el traje del equipo olímpico estadounidense de patinaje. Entonces empezó a trabajar como editora en Vogue, pero allí tampoco consiguió que la ascendieran a editora en jefe, como era su aspiración. A los cuarenta años de edad empezó a diseñar vestidos de novia y hoy en día es una de las diseñadoras más importantes de la industria nupcial, con un negocio multimillonario.

La perseverancia es lo que distingue a las personas comunes de los líderes y estas historias de "fracaso exitoso" se dan gracias a un deseo irrenunciable de triunfar.

Tal como estas grandes luminarias, la mujer rica no teme a intentarlo de nuevo las veces que sean necesarias. Te lo digo solo para que lo tengas en cuenta la próxima vez que alguien no crea en ti.

"El dinero no da la felicidad, ciertamente; pero tampoco es un serio obstáculo".

—*Josep Pla (1897-1981)*
Escritor español.

LA MUJER RICA

NO LE PRESTA DINERO A SUS AMIGOS

En el mundo de hoy, que está conectado por medio de la tecnología, la definición de lo que es un amigo ha cambiado. Gracias a la Internet tenemos la capacidad de mantenernos al día de lo que sucede en la vida de muchos de nuestros conocidos, así como de amigos actuales y pasados, e incluso de gente que no hemos conocido personalmente, pero que en ocasiones sentimos que son nuestros amigos. Sin embargo, en el contexto de las redes sociales, el término "amigo" se usa con frecuencia para describir a contactos más que a relaciones. Se tiene la capacidad de mandar un mensaje a los "amigos", pero eso no es lo mismo que tener una relación personal.

> *Hay muchas definiciones de lo que significa ser un amigo. Los amigos son aquellas personas que procuran lo mejor para la otra persona no importa la circunstancia.*

A mi juicio, ser amigo equivale a considerar a la otra persona en primer lugar. Para mí es ser totalmente honrado, leal en todo lo que se hace. Entonces, si tomamos como base esa definición, ¿Debemos prestarle dinero a nuestros amigos o familiares?

1. ¿Existe una guía para saber a quién le podemos prestar dinero o no?
2. ¿A quién le prestarías dinero? ¿Debo prestarle dinero a un familiar que esté en aprietos económicos?
3. La confianza no es suficiente para prestar. Si voy a prestar, ¿Qué debo hacer para asegurarme de que la persona pueda pagarme mi dinero?

Los amigos de verdad están siempre presentes cuando los necesitas, aun cuando pase el tiempo. Sin embargo, una de las peores cosas que le puede pasar a una amistad es pedir o prestar dinero. No existe una guía práctica para manejar este asunto, pero la mayoría de las veces cuando alguien me habla sobre la posibilidad de hacer un préstamo a alguien cercano, siempre pienso: "No lo hagas". En esos casos trato de recomendar otras formas de ofrecer ayuda.

Si una persona o familiar te está pidiendo dinero a causa de un problema, trata de identificar si en realidad el dinero prestado va a solucionar su situación. La mayoría de nosotros usualmente no estamos pendientes a la forma en la que manejamos nuestro dinero.

La tendencia generalizada es que solo atendemos los temas financieros cuando nos vemos en la urgencia de solucionar un problema de falta de dinero.

Busca lápiz y papel para que puedas tomar nota:

- Investiga la razón por la que tu amigo o familiar necesita el dinero y edúcale. ¿Necesita dinero por una enfermedad? ¿O necesita dinero porque no ha sabido administrar sus recursos económicos a lo largo de su vida? Pregúntale de forma directa cuál es su plan futuro para pagarte. Discute otras opciones. ¿Existen otras formas en que puedas ayudarlo? El dinero no siempre es la única solución.
- No prestes dinero para una deuda que no va a terminar. Ofrece solo ayuda temporal en algún caso que sea meritorio. Si la persona a quien estás pensando prestarle dinero no sabe administrar sus finanzas hoy, posiblemente no sabrá administrarlas tampoco en dos años. Antes de prestarle dinero para resolver los pagos mensuales de ese mes, mejor consulta opciones bancarias y ayúdale –por ejemplo– en el proceso de organización con un analista financiero.
- Presta lo que estés dispuesto a perder – Enfoca ese dinero que estás "prestando" como un regalo. Es probable que no

vuelvas a ver tu dinero, por lo que es esencial que nunca pongas en riesgo tu bienestar financiero por "ayudar" a un amigo o familiar.

Si de todas maneras decides prestarle el dinero a tu amigo o familiar, se recomienda que exista un mediador. La persona que asuma esa función ayudará a lograr los acuerdos que deberán estipular preferiblemente en un contrato. Ese compromiso debe validarse por escrito y lo ideal es que incluya:

1. Cantidad de plazos en que se saldará la deuda.
2. Pago final.
3. Cuándo comienzan los pagos.
4. Si se cobrarán intereses.
5. Método mediante el que se harán los pagos, entre otros detalles.
6. El contrato debe estar firmado por ambas partes y podría incluir la firma del mediador como testigo. Aunque si es un préstamo a un familiar o amigo cercano seguramente prefieras no contratar a un abogado, es importante que exista algún tipo de compromiso legal o por lo menos avalado de alguna manera verificable.

Sé claro con tus expectativas. Elabora un detallado plan de pagos con calendario y plazos límite. Discute con la persona a la que le prestarías el dinero qué ocurrirá si algo sale mal o si no puede pagar en el tiempo y la forma en que tú deseas que te devuelva el préstamo.

¿Cómo afectaría tus finanzas y tu relación con tu amigo o amiga?

Algunas personas simplemente deciden nunca dar préstamos personales. Si les preguntan por qué, responden: "Lo lamento, pero es mi política nunca prestar dinero".

Pedir o prestar dinero a un amigo o amiga puede arruinar la buena relación existente entre ustedes. Primeramente, porque si por ejemplo, eres quien presta dinero, lo haces con mucho amor, y seguramente mucho sacrificio pues el dinero nunca suele sobrar. El caso es que cuando prestas dinero una vez, siempre parece haber una segunda vez... y tal vez la tercera vez no puedas permitírtelo. Cuando llega el momento en el que ya no puedes permitirte prestar o dar más dinero, por lo regular ese amigo o amiga tiende a alejarse. Esa amistad tan fuerte, resistente y duradera comienza a marcharse de tu vida. No se entienden bien los motivos, pero esos amigos se alejan cuando ya no les puedes dar lo que una vez les diste.

El que presta se aleja porque no puede prestar más y el que pide se aleja porque experimenta un sentimiento de verguenza.

Cuando eres tú el necesitado y pides un préstamo a una amiga o amigo, o simplemente recibes un regalo económico aparentemente sin compromiso, la relación de amistad también puede verse debilitada. Especialmente si la persona que te dio el dinero un día te lo echa en cara o te reclama que se lo devuelvas. La relación cambia pues de repente una de las personas se siente con mayor derecho de reclamar sobre la otra. El hecho de que le debas dinero puede llevarle a creer que tiene derecho a juzgarte y tal vez no quiera escuchar ninguna palabra, promesa o problema hasta no recibir cada moneda prestada —o peor aun, hasta que no le devuelvas cada moneda que creías regalada. Los malos entendidos relacionados al dinero, de algún modo, siempre acaban estropeando las buenas amistades.

Mi recomendación es que no debemos mezclar los sentimientos con lo material, porque uno es más fuerte que el otro... yo espero que el amor siempre sea más fuerte que el dinero, pero en el mundo real, no siempre es así. "Antes de pedir dinero a un amigo, piensa bien cuál de los dos necesitas más". (Anónimo)

LA MUJER RICA INVIERTE SU DINERO Y LO GUARDA PARA SU JUBILACIÓN[20]

Muchas mujeres creen que tienen que ser ricas para poder invertir en un plan de jubilación. La planificación saludable para disfrutar de un retiro económicamente seguro y libre de preocupaciones, conlleva mayor esfuerzo para las mujeres que para los hombres. Esto es así porque muchas mujeres no han comprendido el concepto de creación de riqueza.

La mujer rica no deja al azar la planificación de su retiro.

¿Cómo asegurarse un retiro digno y merecido?

1. Examina dónde estás ahora y cómo alcanzarás tus objetivos para crear un plan de retiro.
2. Debes comenzar hoy, aunque sea guardando una pequeña cantidad. Es mejor poco que nada.
3. Piensa cómo quieres pasar tus años de retiro. ¿Quieres viajar? ¿Deseas compartir con tus nietos o vivir cerca de ellos?
4. La mayoría de las compañías ofrecen planes de retiro, como por ejemplo 401(k). Las compañías utilizan esta alternativa en vez del plan tradicional de jubilación, con el que a los empleados se les garantizaba un monto determinado de ingresos mensuales o anuales luego de su jubilación. Mediante la creación del plan 401(k), las compañías ya no tienen que manejar o asegurar planes de pensión para jubilados. Ahora los empleados son responsables de la

participación voluntaria. Las contribuciones se deducen del salario antes de que se paguen los impuestos. Se consideran planes de contribución definida porque ambos, el empleado y su empleador, acuerdan o definen por adelantado la suma de su contribución. Además, estas compañías realizan aportaciones paralelas a las que hacen los empleados. Por ejemplo: Tu empresa puede realizar una aportación paralela para todas o solo para algunas de las aportaciones que haces a tu cuenta, hasta los límites impuestos por el Servicio de Rentas Internas o los de tu plan. Si es así, es dinero fácil y debes comenzar a aportar de inmediato un por ciento de tu salario. ¿Te suena como a recibir dinero gratis? Exactamente. Es un beneficio diseñado para ayudarles a los empleados a ahorrar para el momento de su jubilación.

Comienza a contribuir a tu plan de retiro en este mismo instante.

- Determina qué monto de tu salario deseas invertir en el plan de retiro.
- Decide cómo invertirás tus ahorros. Deberás elegir una o más de las opciones de inversión ofrecidas por el plan.

1. Tus ahorros se deducen automáticamente de tu sueldo, lo que hace que ahorrar para la jubilación sea más cómodo para ti.

¡No puedes gastar lo que no puedes ver!

2. El monto de la contribución de tus ingresos se deduce de tu salario antes de pagar impuestos. Al deducir la contribución 401(k) de tu nómina antes de pagar impuestos, se reduce tu ingreso total. ¿Por qué esto es importante? Porque al tener menores cargos de impuestos significa que llevarás más dinero a casa.
3. En muchos casos tu empleador te dará un incentivo para ahorrar y compensará una porción de tus ahorros, es decir, que invertirá dinero para tu jubilación.

- Ten en cuenta que no pagarás impuestos por tus inversiones originales, ni por los intereses que generen dichas inversiones, mientras no retires tu dinero del plan.
- Revisa tu información y accede a tu cuenta cuando lo necesites para que puedas dar seguimiento a tus inversiones.

¿Cómo elijo las inversiones correctas?

El Departamento de Recursos Humanos de tu compañía te puede ayudar o llama directamente a Fidelity, una gestora americana de fondos de inversión, fundada en Boston en 1946. Esta compañía te puede proporcionar la información, orientación y los recursos de planificación que necesitas para comprender tus opciones de inversión, determinar la estrategia que más te convenga y combinar todas las herramientas disponibles en el mercado para que te rindan el mayor beneficio a tu plan de retiro.

¿Necesitas ayuda? Llama ahora y no te pongas más excusas para comenzar a organizar tu plan de inversiones para tu retiro. Para participantes del Plan 401(k), el teléfono a llamar es: 800-587-5282 (español).

"Cuando decidí participar por primera vez en el plan de ahorro que mi compañía ofrecía, la persona de Recursos Humanos me recomendó que invirtiera lo menos posible. Un año después, cuando vi cómo creció mi pequeña contribución, entendí el concepto. Desde ese momento y en cada empresa para la cual he trabajado por los pasados veinticinco años, he contribuido la mayor cantidad posible a mi plan de ahorro. Una cuenta de ahorro en la que tu compañía te deposita tres por ciento de tu salario anualizado solo por ahorrar una cantidad similar, es una oferta que ningún banco puede igualar".

—Leticia Borges
Vice President Global Benefits, AON Corporation

RETA LA OPINIÓN DE LAS FIGURAS DE AUTORIDAD

Otro error muy común, sobre todo entre las mujeres que trabajan ayudando a otros, es creer que querer ganar dinero es algo deshonroso, que no está en armonía con su trabajo espiritual y sus creencias. Sienten que prestarle demasiada atención al dinero podría en cierta forma, manchar la pureza de su deseo de ayudar a la gente. El problema con estas mujeres es la baja autoestima.

Al final del día, deben darse cuenta de que el trabajo solidario que hacen es muy valioso, y que tener mayores ingresos podría ayudarles a seguir contribuyendo con el mundo.

Esta es una creencia errónea, muy común entre las jóvenes adultas. El control de las finanzas era tradicionalmente una tarea reservada al sexo masculino. En la época de nuestros padres la mayoría de las mujeres no tenían ninguna idea acerca de sus bienes matrimoniales ni de cómo se invertían sus ahorros (digo, si es que tenían algún ahorro). Ellas nunca aprendieron nada acerca de las finanzas o de cómo elaborar un presupuesto. En muchos casos, ni siquiera sabían cómo hacer para pagar las cuentas. Sus maridos siempre se hicieron cargo de todo y en un divorcio las hacían blanco fácil para que ellas se conformaran con su "ayuda" económica. Sin embargo, en muchos casos, eso que los hombres llamaban "una ayuda", era en realidad lo que le correspondía a la mujer por haber estado casada por tantos años. En ocasiones la "ayuda" otorgada por el marido estaba incluso por debajo de lo que por derecho legal le pertenecía a la esposa. Lamentablemente, esto aún ocurre en muchos casos de divorcio en que las mujeres no están debidamente orientadas en lo que respecta a sus derechos. La mujer rica no es demasiado vieja para aprender. Un derivado de la idea anterior es el concepto de que ya es demasiado tarde para adquirir conocimientos financieros. Tomar control de las finanzas propias no es algo sencillo, pues no se hace de la noche a la mañana. Lo que sí puedes hacer es tomar ciertas medidas, e ir dando los pasos necesarios para que poco a poco aprendas a manejar tu vida financiera.

¿Por qué las mujeres, que son tan competentes en todas las otras áreas de sus vidas, no pueden tener las mismas capacidades cuando se trata de asuntos de dinero? ¿Por qué no muestran con su dinero el mismo cuidado que en cualquier otra relación en sus vidas?

Las mujeres deben deshacerse de dos actitudes que suelen tener profundamente arraigadas: la carga de la vergüenza y la tendencia a culpar a otros.

La vergüenza y el deseo de culpar a otros en lugar de tomar plena responsabilidad de sus acciones son patrones comunes de comportamiento que resultan perjudiciales, tanto en asuntos de dinero como en la vida en general. Es importante recordar que cada uno es responsable de su vida financiera. Nadie más, ni su pareja, ni su contador... ni su asesor financiero.

> *Para tener una relación sana con el dinero se requiere mucha conciencia y un alto grado de responsabilidad.*

Uno de los primeros pasos necesarios para ser más consciente en tus asuntos financieros consiste en examinar tus creencias y preguntarte: "¿Esta creencia, me ayuda a ser más inteligente y sentirme más segura con mis finanzas?". A medida que más mujeres respondan a esta pregunta con un rotundo "¡Sí!", podrán mejorar y volverse más responsables con sus finanzas.

Como ocurre con todas las formas de energía, el flujo del dinero sigue las Leyes de la Creación. Y como ocurre con todos los flujos de energía, la clave es el equilibrio. Los aparatos eléctricos solo funcionan con el flujo de corriente apropiado. Si por error le aplicas demasiada energía, los cables y el equipo se quemarán. Si, por el contrario, le aplicara muy poca energía, nada funcionará. Es lo mismo con el calor que nos mantiene calientes y confortables. Demasiado, y nos quemamos; muy poco, y nos congelamos.

Pero, conviene preguntarse: "¿Qué es 'demasiado' para un ser humano?". La cantidad de dinero que es apropiada para otro, es algo que no podemos juzgar. Solo lo podemos determinar para nosotras mismas.

Pero existe un criterio que podemos aplicar al dinero, como a todas las formas de energía, y esto es que debe fluir. En nuestra cultura moderna, la carencia de flujo de energía financiera generalmente se convierte en una forma de estrés que nos puede distraer de nuestro verdadero camino o propósito en la vida. Pero la situación inversa es igualmente dañina. El dinero que es acumulado en exceso por el miedo de que mañana podríamos no tener suficiente, también lleva a una condición de malestar.

La mujer rica —que está en equilibrio con el dinero— confía plenamente en que cualquier cosa que necesite se le proveerá.

No tiene miedo de gastar dinero en sus necesidades o lujos ni teme ayudar económicamente a otros. El dinero en sí mismo no es el problema. Nosotras hacemos lo que venimos a hacer aquí, sabiendo que los recursos fluirán hacia nosotras y a través de nosotras. Así que la clave parece ser la conciencia de que la abundancia, como el amor, existe en una medida apropiada tan pronto como liberamos los miedos en torno a ella.

¡Es hora de retar las figuras de autoridad! Desde que éramos pequeñas, aprendimos a aceptar los límites que nos imponían los demás (padres, maestros, líderes religiosos, etc.) como parte de nuestra cotidianidad, de tal manera que pocas veces somos conscientes de esos límites, ni de cómo operan en nuestra forma de actuar. Desde la infancia comenzamos a integrarlos como parte de nuestra forma de "ser en el mundo". De seguro, esto mismo te ocurrió con las finanzas. Para contrarrestar el efecto negativo que tuvo la influencia de las figuras de autoridad en tu mentalidad financiera, te sugiero que vayas incorporando nuevos hábitos en tu rutina diaria que te ayuden a tener una mejor vida económica. He mencionado muchos en todo el libro. Selecciona alguno e intégralo a tu vida poco a poco. Reta y educa a los que te "aconsejan" negativamente porque como te he explicado a lo largo de este libro, no son conocedores del tema financiero. Actúa de forma positiva contra esos límites. Por ejemplo, si tu papá te dice: "Hija, para qué vas a trabajar, si yo te lo puedo proveer todo". En ese instante, háblale y déjale saber la importancia que tiene para ti la independencia económica. Mi experiencia me dice, que en la mayoría de las ocasiones te escucharán y se darán cuenta de que comenzaste a crear tu propia vida. Eso es lo que espero que me diga mi hija Allegra Valentina en unos años.

"No hay nada como volver a un lugar que parece no haber cambiado, para descubrir en qué cosas has cambiado tú mismo".

—*Nelson Mandela*

LA MUJER RICA

NO SE DEJA TOMAR EL PELO

Nunca es tarde para aprender. Según Sonia Sánchez-Escuer, cualquier día es una oportunidad para solucionar los errores más comunes con el manejo del dinero.[21] Piérdele el miedo a las finanzas y edúcate. ¿Qué errores cometes tú con el manejo del dinero?

Los errores que más cometemos las mujeres con el dinero son:

1. **No generar ingresos propios** – Si bien es cierto que criar a los hijos es un trabajo de tiempo más que completo para nosotras las mujeres, descuidar la necesidad de tener nuestros propios ingresos –independientemente de que contemos con una pareja–, nos pone en una situación vulnerable y dependiente. Procura siempre tener ingresos. Organízate y sácale provecho a tus fortalezas y talentos para que puedas combinar tus roles como madre y esposa con las aspiraciones profesionales que te garanticen tu seguridad económica.
2. **Usar las compras como terapia** – Este es un patrón de conducta muy común en las mujeres, en parte debido a que dejamos salir más fácilmente nuestras emociones. El problema es que comprar se convierte en la manera en que la mayoría de las mujeres procuran "lidiar" con las emociones, pero no las resuelven en su origen. Rastrea tus emociones. Verifica la verdadera razón por la que te asaltó el deseo de irte de compras. Con esta información puedes decidir más RACIONALMENTE si de verdad te conviene salir a las tiendas.

3. **No tener una actividad que nos apasione fuera del trabajo o la familia** – Esto le pasa a muchas mujeres. Busca un pasatiempo que te encante y que disfrutes. Sí, todos los pasatiempos tienen un costo, pero si lo que te importa es la actividad, sabrás gastar lo adecuado. Te sorprenderás al darte cuenta de que hay pasatiempos que no cuestan ni un centavo. Date tiempo para ti y tu pasatiempo. Es importante para tu salud mental y para tu cartera. En vez de ir todos los días a un Spa a sacar dinero de tu bolsillo, camina por el parque y conéctate con la naturaleza.
4. **Creer que es más importante ahorrar para la universidad de los hijos que hacer un fondo para nuestro retiro** – Las mujeres ahorradoras a menudo cometen este error. Si bien es importante la educación de los hijos, te aseguro que cuando estén en edad de entrar a la universidad, estarán muy bien física y mentalmente. Tú, por otro lado, estarás entrando en los años menos productivos de tu vida. Empieza a ahorrar desde ahora para tu retiro. Debes hacer el hábito de ahorrar poco a poco, lo importante es la constancia.
5. **No contratar un seguro de Gastos Médicos Mayores** – Estadísticamente vivimos más años que los hombres, pero no somos ni eternas, ni inmunes a la enfermedad o a los accidentes. Protege tu patrimonio e ingresos. Contrata un seguro de Gastos Médicos Mayores con protección en caso de invalidez. El mejor momento para contratar un seguro es cuando no lo necesitamos.
6. **Justificar nuestra ignorancia en lo concerniente a las finanzas personales** – Creer que porque no estudiaste finanzas, porque en tu casa no te enseñaron nada sobre el tema de la economía o porque la administración financiera es una disciplina muy "masculina", educarte en torno al manejo del dinero no es lo tuyo.

Las finanzas personales SON DE TODOS. Mientras uses dinero —y todas tenemos que usarlo— son asunto tuyo.

Ahora bien, dicen que los hombres tienen más probabilidades de ser exitosos en sus negocios que las mujeres. ¿Por qué?, si las mujeres nacemos con una excelente disposición a todo. Por eso desarollamos características importantes para nuestra vida financiera.

Las mujeres tenemos corazón, somos arriesgadas, tenemos temple, somos dedicadas, somos detallistas, y sabemos trabajar para el equipo. Somos líderes en nuestras familias y siempre hacemos las cosas con mucho entusiasmo. Nuestra firmeza y dedicación son veneradas por quienes nos rodean.

Entonces, con tantas características que nos capacitan para manejarnos con excelencia en el mundo de las finanzas, ¿por qué son tantas las mujeres que no desean desarollar características empresariales?

Las mujeres, comparadas con los hombres que tienen el mismo estado civil, tienden a asumir menos riesgos —o peor aun, no toman riesgos de ningún tipo. Aunque hoy día atravesamos por una prolongada recesión económica, esa difícil situación no debe ser un obstáculo para asumir el riesgo y convertirte en empresaria. Contrario a lo que muchos piensan de que en estos periodos de recesión uno no debe emprender un negocio, la realidad es que estos tiempos de retos son idóneos para comenzar una empresa. Por eso te exhorto:

1. Identifica una pasión, pasatiempo o necesidad que pueda convertirse en una idea de negocios. Ser empresaria es una aventura llena de retos. Si identificas algo que disfrutas hacer, siempre estarás dispuesta a seguir hacia tu meta.
2. Haz una lista con todas las ideas que vengan a tu mente. Toma un tiempo para pensar en soluciones a necesidades, a las necesidades de tus hijos. ¡Te sorprenderá tu creatividad!

3. Haz un análisis de cada una de las ideas y escoge las tres que tengan mayor potencial de desarrollo. Busca información en la Internet, revistas de negocios, periódicos y otras fuentes de información, sobre las tendencias en el mercado, negocios exitosos e industrias de mayor crecimiento.
4. Identifica y consulta profesionales que estén relacionados a esas tres mejores ideas. Asegúrate firmar un acuerdo de confidencialidad para proteger tu idea de negocio.
5. Escoge la idea de mayor viabilidad y desarrolla un plan de negocios para esa. Existen programas computadorizados que te facilitan el proceso de redacción del plan.
6. Busca asesoramiento sobre cómo adquirir capital para el desarrollo de tu idea. Existen entidades públicas y privadas, además de programas específicos para mujeres empresarias que pueden servirte de apoyo en este proceso. Edúcate sobre los requisitos para solicitar financiamiento.
7. Establece redes que podrás utilizar en el futuro. Utiliza las plataformas sociales que son gratuitas.
8. Identifica, por los menos, diez personas que te sirvan de apoyo en este reto, sobre todo para que te apoyen con actitud positiva. Sé cautelosa al escoger este grupo.

LA MUJER RICA

ES ASTUTA Y NO CAE EN ESTOS ERRORES FINANCIEROS

Las etapas de la vida de la mujer son ciclos que corresponden a un escenario con características propias que hay que experimentar a cada paso de nuestro trayecto. La suma de cada una de esas experiencias de vida crea la sabiduría de toda mujer rica. ¿Mujer, sabes en qué etapa te encuentras? Es muy importante tomar conciencia de la etapa que estás experimentando en tu vida. Recuerda que el tiempo pasa y la vida se va.

Durante la etapa de los veinte años de edad – Todas comenzamos a manejar nuestras finanzas de forma independiente más o menos a esa edad y muchas de las decisiones que se toman a los veinte años suponen una pequeña cantidad de dinero, así que es el momento ideal para cometer errores. Aunque en esta etapa se pueden cometer equivocaciones sin consecuencias tan graves, lo ideal es que aprendas desde temprana edad a manejar las finanzas, para que puedas construir una base financiera sólida de cara al futuro. Entonces, ¿qué no deberías hacer a los veinte años?

I. Ignorar la deuda de préstamos estudiantiles – Estos préstamos no se pueden incluir en una corte de quiebra. Además, los honorarios de pago por morosidad (pagar tarde) son astronómicamente costosos (18 por ciento, aproximado). Tienen un período de gracia de seis meses después de la graduación, pero no debes esperar hasta entonces para comenzar a planificar su pago. Después del periodo de gracia, tienes que comenzar a pagar cuotas mensualmente.

2. No planifica ni crea un "presupuesto de gastos". Los jóvenes gastan mucho, creen que tienen el mundo en sus manos y no piensan en el futuro. Mi sugerencia es que las mujeres jóvenes deben aprender desde temprano a ser proactivas con sus finanzas. Si estás en esta etapa de vida, busca una persona de tu confianza cuyas experiencias puedan ayudarte a construir una estructura financiera sana. Matricúlate en una clase sobre cómo hacer un presupuesto, cómo ahorrar, etc. No tengas miedo a invertir y no pienses que si no dispones de mucho para invertir, que no vale la pena. Llama a tu banco y pide orientación sobre los servicios que ofrecen para crear un sistema de ahorro. Te van a ayudar gratuitamente.

Durante la etapa de los treinta años de edad – La mujer rica no compra una casa fuera de su presupuesto. La casa ideal es la propiedad que puede pagar. Ten en cuenta que al pago de la hipoteca de la casa le tendrás que sumar todos los pagos de seguros, impuestos, zona inundable, mantenimientos, etc. Una familia vive en su primera residencia un promedio de siete años antes de que decida mudarse a otra propiedad. No cometas el error de endeudarte para estar a nivel de otros. Competir con tus compañeros y colegas no es una actitud madura ni inteligente. Debes ser realista. Lo más sabio, financieramente hablando, es que vayas dando pequeños pasos estables y posibles dentro de lo que te permita tu presupuesto.

Durante la etapa de los cuarenta años de edad – No pienses que es muy tarde para ahorrar. Si no te preocupaste por tus finanzas entre los veinte y los treinta años de edad, ignorabas lo que debías hacer para manejar tu dinero o estabas terriblemente endeudada, averigua qué puedes hacer ahora en tu posición financiera actual y decide hacer cuánto sea necesario para crear una estructura financiera sana. Si ganas más dinero, tienes más margen para ahorrar. Como te recomendé anteriormente, comienza tu plan de retiro. Además, si necesitas cambiar de trabajo, no le temas a renunciar al empleo que tienes actualmente e iniciar una nueva oportunidad laboral por creer que eres demasiado mayor. Si comienzas a ahorrar a los cuarenta años de edad, todavía dispones de veinte años antes de llegar a la edad típica de "jubilación" y hasta cierto punto –con la organización y la estructura adecuada– podrás recuperar el tiempo perdido.

A partir de los cincuenta años de edad – Comenzamos a analizar qué metas hemos logrado hasta ese momento. Por ejemplo, ser madre, ser profesional, ser vanguardistas, ser creativas, entre otras cosas. A esa edad las mujeres desean cosechar el fruto de las semillas sembradas. En fin, la idea es que así como deseamos ese balance perfecto en nuestras vidas, debemos ser conscientes de que ese balance también está directamente relacionado con la sensación de que fuimos prósperas financieramente y seguiremos viviendo felices porque pudimos planificar con anterioridad esa etapa tan hermosa de nuestras vidas. ¡Busca el equilibrio personal y financiero... así seremos el ejemplo para todas!

"Una mujer con una voz es por definición una mujer poderosa. Pero la búsqueda para hallar esa voz puede ser extremadamente difícil".

—Melinda Gates
Esposa de Bill Gates y fundadora de la organización de caridad que lleva su nombre.

LA MUJER RICA TRABAJA EN EQUIPO[22]

Trabajar en equipo es un arte que las mujeres debemos aprender. En la medida en que aprendas el arte del trabajo en equipo –que va de la mano con el arte de delegar– tendrás mayores beneficios tanto en tu vida profesional como en el plano personal. Dentro de la familia también es de suma importancia que todos trabajemos unidos como equipo para alcanzar un mismo fin. Alguna vez a lo largo de nuestras vidas todas hemos tenido que trabajar en equipo. En determinadas ocasiones será más sencillo que en otras debido a que el grado de dificultad para engranar las responsabilidades de cada cual dependerá de las actitudes y aptitudes con las que cuente tu equipo de trabajo. Muchas veces olvidamos cuáles son los aspectos más importantes que debemos tomar en cuenta para poder trabajar en equipo y esto lo hace más complicado.

¿Tu equipo familiar, es un equipo de prosperidad?

Las mujeres ricas reconocen que las metas financieras no se podrán obtener a menos que el grupo familiar posea unos objetivos en común. Tu pareja, el padre, la madre, el abuelo, los hijos (todos los que vivan en tu casa) deben perseguir el mismo objetivo. Si aprendemos a escuchar las necesidades de cada una de las personas que integran el "equipo de prosperidad", probablemente se tome la decisión que más favorezca al equipo. Por ejemplo: comprar una casa nueva o un automóvil nuevo, o pagar de forma anticipada las vacaciones soñadas, etc. Hagamos a un lado los protagonismos y pensemos que hasta nuestros hijos pueden aportar ideas maravillosas que nos permitan materializar nuestras metas como equipo. Solo debemos estar abiertos a las oportunidades que se presentan al trabajar unidos hacia un bien común. De ese modo, ganarán confianza entre todos. A la hora de tomar decisiones que impactarán la economía familiar, no se dejen llevar por los sentimientos. Si, por ejemplo, la decisión debe ser vender la casa en ese momento para poder organizar la estructura financiera de la familia, háganlo. Como equipo deberán dejar sus juicios y sentimientos individuales a un lado, de manera que puedan encontrar el camino que tanto han anhelado y así lograrán cumplir con los objetivos trazados.

Además de su equipo familiar, la mujer rica se rodea de otro equipo importante:

- Un contador – Dicen que es el que tiene el poder con los números. Un contador o contable es una persona que aplica, gestiona, interpreta y registra la contabilidad de una empresa o de un individuo con el objetivo de aportar información útil para la toma de sus decisiones financieras.
- Un buen contacto en el banco – un banquero se dedica diariamente a realizar operaciones bancarias, por lo que te orientará sobre productos y servicios que te pueden servir para seguir adelante con cualquier proyecto que tengas en mente.
- Una compañía de seguros – te da seguridad, al cubrir determinados riesgos económicos (riesgos asegurables) a los bienes que tengas o a tu salud.
- Un abogado – es una persona legalmente autorizada para defender en juicio tus derechos o intereses, y para orientarte en términos legales.
- Un asesor financiero - es el profesional que te ayuda a descubrir tus necesidades financieras mediante el análisis de

tus circunstancias pasadas, presentes y futuras, tomando en cuenta tu edad, tu situación profesional y familiar, y el dinero que tengas para invertir.

Deténte por un minuto y piensa quiénes forman parte de tu equipo ganador. Ese equipo debe incluir también a los siguientes profesionales: tu doctor, manicurista, estilista, psicólogo (si lo necesitas)... entre muchos otros facilitadores. La mujer rica tiene un equipo ganador.

"Estoy convencido de que la mitad de lo que separa a los emprendedores exitosos de los que no triunfan es la perseverancia".

—*Steve Jobs*

“Son tres las cosas que le diría a un equipo para ayudarlo a mantenerse unido: Cuando algo resulta mal: yo lo hice. Cuando algo resulta más o menos bien: nosotros lo hicimos. Cuando algo resulta realmente bien: ustedes lo hicieron”.

—*Paul “Bear” Bryant.*

LA MUJER RICA TIENE UNA VIDA ORGANIZADA

Y TÚ, MUJER QUE ME LEES... Mujer empresaria exitosa, mamá ejemplar para tus hijos, esposa enamorada de tu marido, o la mejor amiga, confidente y consejera... Estas son tan solo algunas facetas que asumen las mujeres que saben la importancia de administrar bien su tiempo y su equipo de trabajo.

Las mujeres exitosas son aquellas que siempre se ven bien; tienen tiempo de ir al gimnasio, pasar por la peluquería y además cumplen a cabalidad con sus responsabilidades profesionales.

Hoy en día las mujeres tenemos las cualidades y herramientas al alcance de nuestras manos para convertirnos en la persona que siempre soñamos con llegar a ser. Somos los pilares para comenzar a ahorrar en nuestra familia. Es cierto que todas tenemos la capacidad de desarrollar las características de éxito que nos permitan disfrutar de una vida brillante, sin embargo, hay unas mujeres que son más enfocadas y no le dejan la responsabilidad de sus finanzas personales a su marido. No obstante, la inmensa mayoría son las que tras un divorcio doloroso, confiesan frustradas que le dieron todo su poder a "su marido" y el hombre en cuestión las dejó en la quiebra. Siempre hay que analizar las circunstancias, pero lo ideal es que la mujer comience con el pie derecho su relación de pareja y que se eduque financieramente antes de llegar al matrimonio.

Hay otras personas que poseen una característica común, independientemente de la edad o del género, son aquellas que nunca tienen tiempo para poder hacer todas las actividades que les gustaría. Si ese es tu caso, conviene que te cuestiones tu estilo de vida. ¿Estás realizando una buena gestión del tiempo? ¿Depende solo de ti? Si en tu vida diaria sientes que las horas del día no te alcanzan para todo lo que te propones, temo decirte que algo estás haciendo mal o puede deberse a que estás desorganizada. La mujer rica tiene tiempo para todo y nunca dice frases como: "no tengo tiempo para nada", pues sabe cumplir a cabalidad con todos sus compromisos, a tiempo y sin quejarse.

Para comenzar a organizar tu vida debes equiparte con los siguientes atributos:

- **Sé una mujer segura** – Desarrolla una capacidad de reacción efectiva y positiva ante las situaciones inesperadas de la vida.
- **Sé una mujer balanceada** – El tiempo debe de alcanzarte para trabajar, para estar con tu familia y para disfrutar de espacios de intimidad contigo misma. Para mí este es el secreto de toda mujer rica exitosa.
- **Sé una mujer positiva, visionaria y feliz** – Busca todas las oportunidades al máximo y utiliza tu actitud para seguir perseverando hasta lograr tus metas.
- **Sé una mujer consciente de lo que está pasando en la actualidad** – Debes mantenerte informada y actualizada sobre las últimas tendencias que aparecen en el mundo, para que tengas una visión completa de su contexto actual. De esta manera podrás crear un balance en tu vida siendo coherente entre lo que piensas, haces y dices.

Si tienes estos atributos... tu situación financiera es excelente y estás muy satisfecha con tu nivel de vida; vives cómodamente y te puedes permitir todos los lujos que son importantes para ti; no tienes deudas con nadie, estás cubierta contra cualquier contingencia que pudiera ocurrir y tienes planificada tu jubilación, así como el futuro económico de tu familia; si disfrutas de la vida y duermes bien, entonces: ERES UNA MUJER ORGANIZADA.

La mayoría de las mujeres que conozco no han logrado aún ese nivel de libertad y seguridad financiera. La buena noticia es que todas podemos aspirar a conseguirlo si dedicamos un poco de tiempo a organizarnos financieramente: aprender a ahorrar, invertir y gestionar mejor el manejo de nuestro dinero.

"La abundancia es un estado de conciencia de gratitud. Cuando vivimos agradecidos, la vida nos dará más para agradecer".

—*Chris Lee*
Motivador Impacto Vital

"La generosidad consiste en dar antes de que se nos pida".

Proverbio Árabe

LA MUJER RICA ES GENEROSA

A través de todo el mensaje de este libro he tratado de que veamos el dinero como un amigo con el que tenemos una relación íntima. El dinero es ese amigo que estará presente a lo largo de nuestras vidas. La primera afirmación que hago todas las mañanas es agradecerle a Dios por todo lo que llega a mi vida.

> *La gratitud es una virtud que todas las mujeres y los hombres deberíamos cultivar. Sin embargo, la gratitud significa poco —o nada— si no dominas el arte de expresarla.*

La mujer rica utiliza cada oportunidad para expresar cuanto aprecia el amor, el apoyo y la generosidad de quienes la rodean —ya sea con un mensaje de texto, una nota escrita por el correo electrónico o una simple llamada. Ser agradecida también es ser generosa. Las mujeres ricas preferimos dar a recibir, pero sabemos que recibir es otra forma de agradecerle a Dios todas las bendiciones que nos da. Somos bondadosas y espléndidas a la hora de ofrecer apoyo a los demás. Muchas veces nos cuesta pagar algún servicio para nosotras mismas, o tal vez nos resulta muy difícil solicitar un aumento de salario. Otras veces nos cuesta pedir un descuento o rebaja en algún producto. Sin embargo, la mujer rica transforma los pensamientos negativos que se esconden tras la incapacidad de atrevernos a pedir lo que merecemos.

Aprendemos a crear pensamientos positivos que demuestran nuestra verdadera riqueza:

- Soy feliz y me siento satisfecha porque tengo el poder de dar y recibir.
- Soy agradecida porque al dar puedo hacer feliz a otros y a mí misma.
- Soy agradecida porque cuido y fortalezco mis relaciones cuando doy o recibo.

A muchas mujeres les cuesta cultivar el arte de dar porque se rigen por un presupuesto y utilizan eso como excusa para ocultar el miedo que sienten de no tener suficiente dinero o recursos para compartir con los demás. A menudo las escucho decir: "Es que debo ajustarme a mi presupuesto". Sin embargo, hay que reconocer que cuando se da con el corazón, y eres una persona generosa, además de sentirte bien... es muy probable que recibas de igual forma o incluso verás cómo se multiplican tus recursos.

Esa persona que recibe tus dádivas probablemente desee corresponder del mismo modo, porque... la generosidad siempre recorre un camino de ida y vuelta.

¿Has aprendido a dar, pero no a recibir?

Es frecuente que las personas con baja autoestima piensen: "Yo no merezco tanto", cuando alguien les ofrece un regalo o algo tan sencillo como una palabra amable. Simplemente no lo pueden recibir. En el aspecto económico este convencimiento es totalmente erróneo porque limita el poder de la energía de la abundancia que hay dentro de ti.

La persona que da... debe estar dispuesta a recibir, porque la generosidad no es solo dar, sino también permitir que el otro pueda darte. De esta manera le das a los demás la oportunidad de que se sientan bien por haberte dado un poco de felicidad con su gesto generoso, sea el que sea. Ahora viene la pregunta interesante:

¿Cómo se aprende a recibir? No es difícil. Habrá que cultivar un poco la gratitud...

Te lo repito: la mujer rica es agradecida. El agradecimiento comienza al reconocer y celebrar esos regalos cotidianos a los que no damos demasiada importancia, tal vez porque son recurrentes. Pero ahí están día tras día para bendecirnos y debemos aprender a valorarlos y agradecerlos de forma consciente. Tenemos tantos regalos: el amor, el trabajo, nuestra familia, nuestra salud, la salud de nuestros hijos, ese beso que te da tu pareja antes de irse a trabajar todos los días, entre otros detalles sencillos que recibimos a diario aunque no nos demos cuenta.

La mujer rica reconoce, aprecia y abre su corazón a los regalos del Universo, hasta sentirse dichosa y honrada por recibirlos. Ese sentimiento se llama gratitud.

Hay personas que tienen mucho dinero y que a pesar de ello, son tacañas, poco generosas y aunque tienen grandes fortunas, siempre ambicionan tener más. Como te mencioné anteriormente, tener dinero y ser feliz no son sinónimos si el dinero no se usa con sabiduría y generosidad.

La fortuna de tener abundancia consiste en cómo aprendemos a dar a los demás de eso que tenemos —sea mucho o poco— y la forma en cómo administramos y usamos y los recursos que tenemos —sea dinero, talentos o amor.

Recuerda siempre que aquel que más recibe es el que más da. Sé generosa y da sin sentir que si lo haces te quedarás sin nada. La acción de dar debe llenarte por sí misma. Ayuda a los demás en lo que puedas, y si aún no te nace darle de tus bendiciones a los demás, comienza por darte a ti misma todos los regalos que te mereces (no solo materiales, sino también espirituales) hasta que te sientas suficientemente contenta como para compartir y ser generosa con quienes te rodean.

Como te he dicho, la persona generosa tiene ventajas. Hay muchas formas de ser generosa. Por ejemplo, hace como seis meses comencé a escribir unas cartas de agrademiento para obsequiárselas a unas personas mayores que habían sido como abuelitos para mi hija y para mí. Desde el primer momento fui amable y me propuse tener la gentileza de agradecerles sus gestos de cariño con unas atenciones sencillas, sin esperar nada a cambio. Preparé una tarjetas firmadas por mi hija y por mí, les incluí unas fotos y una carta de agradecimiento, en fin... detalles que esa hermosa familia no estaba acostumbrada a recibir. Al pasar del tiempo esas personas me pusieron en contacto con los auspiciadores más importantes de este libro.

¿No crees tener tanta suerte? ¿Esas cosas no te pasan a ti? ¿Sabes por qué no?

Tu capacidad para aceptar la abundancia y la prosperidad está limitada por lo que te han enseñado sobre el dinero. La idea que aprendiste será la que reconozcas. Si tus pensamientos en torno al dinero son negativos les darás más poder a tus sentimientos de carencia y limitación que al poder que tienes para ser abundante. Estas carencias pueden ser generadas por el estrés y la ansiedad que te provoca tu propio esquema mental limitante.

¿Te has fijado que cada vez que te preocupas por el dinero, deja de fluir a tu vida o te cuesta más trabajo obtenerlo?

La mujer rica elimina esa mentalidad de limitación que solo atrae más pobreza y poco flujo de dinero. Este tipo de sentimientos anula nuestra capacidad de hacer más dinero. Además, te conviene darte cuenta de que, si te sientes así de mal por no tener dinero, es porque has creído que tu felicidad sí depende de tener o no tener dinero.

¿Eres una mujer feliz porque das, porque recibes y porque tu corazón se alegra cuando los demás reciben?

Si tu caso es que te cuesta atraer u obtener dinero, entonces está claro que tu energía lo está rechazando, aunque sea a un nivel inconsciente. Si, por el contrario, el dinero no es un problema para ti, entonces tu energía está vibrando en sintonía con la abundancia. Nuestra energía se moldea con los pensamientos, de modo que es allí donde hay que observar para poder enfocar nuestra energía hacia lo que deseamos. Tu tarea de hoy es agradecer por el dinero que llega y el que tienes en tu vida en este preciso instante. Quiero que tengas muy claro que no importa si ahora mismo no tienes ni un centavo; tu futuro lo creas hoy, así que date el permiso de crearlo a tu gusto.

Afirmaciones positivas:

- Yo (tu nombre) agradezco por el dinero que llega a mis manos y a mi cuenta de banco.
- Yo (tu nombre) agradezco por la abundancia de dinero que hay en mi vida.
- Yo (tu nombre) agradezco por todas la fuentes generosas de dinero a las que tengo acceso.
- Yo (tu nombre) agradezco por pagar cómodamente mis gastos.

¡¿Quién puede decir que aplica todos los conocimientos que comparto en este libro?!

Si has contestado "Sí" a esta pregunta, entonces, solo hace falta que transmitas el mensaje para que todas seamos "MUJERES RICAS". Definitivamente, ¡¡¡TODAS MERECEMOS SER MUJERES BIEEEN RICAS!!! Así disfrutaremos de la vida y seremos ejemplos para otras mujeres que nos deseen imitar.

EPÍLOGO:

UNA MÁQUINA EMPRENDEDORA DE RETOS Y SUEÑOS

"En este tema, como en todo en la vida,
la educación es la base del éxito."

—*Bárbara Serrano, Rica: Libertad financiera para la mujer*

El mundo capitalista atraviesa la recesión más severa de los tiempos modernos; mucha riqueza se ha perdido por decisiones financieras equivocadas. En esta época, las mujeres son administradoras financieras de la familia y forjadoras de la fortaleza del hogar. Por lo tanto, la mujer debe repensar la logística del manejo financiero del hogar para hacer un balance adecuado entre una vida cómoda en el presente y un ahorro sensato que le asegure un futuro confortable. Paso a paso, con un lenguaje sencillo y sutil, Bárbara ha logrado llevarnos de la mano al abordar aspectos cruciales sobre la importancia del tema financiero desde el punto de vista de la mujer administradora de su hogar.

Aunque ella no lo define así, el libro de Bárbara es una valiosa "caja de herramientas" para entender un mundo complejo. El lector (o en este caso, la lectora) va adentrándose en el mundo financiero aprendiendo la jerga de los administradores de riesgo. Así puede identificar, medir, administrar y mitigar el riesgo de sus decisiones –con conocimiento de causa– para convertirse en una verdadera "Principal Oficial Ejecutiva".

Con sus elocuentes palabras, Bárbara invita a sus lectoras a hacer un buen primer ejercicio para que la administradora del hogar esboce su propio plan financiero de acuerdo con sus expectativas, retos, aspiraciones y restricciones. Cada caso será diferente; cada mujer, distinta. Cada una encontrará su propia fórmula, con sus aciertos y sus imperfecciones. Lo maravilloso de esas imperfecciones particulares será que el resultado de las gestiones de cada mujer será producto de su conocimiento financiero, de su propio proceso de deliberación y de su voluntad. En palabras sabias del reconocido escritor argentino Jorge Bucay: "Porque nadie puede saber por ti. Nadie puede crecer por ti. Nadie puede buscar por ti. Nadie puede hacer por ti lo que tú mismo debes hacer. La existencia no admite representantes".

Por último, Bárbara nos exhorta a mirarnos como una máquina emprendedora de retos y sueños donde el mejor día para empezar es ahora. Como tal, el ahorro hay que verlo como lo que es: renunciar al consumo presente con la expectativa del consumo futuro. Mas, su propuesta no acaba ahí! La expectativa de consumo futuro es *"in crescendo"*. Es decir, con matiz de dotarnos con una capacidad dinámica y, cada vez, con mayor potencial. Precisamente, es esta capacidad la que Bárbara nos enseña para que podamos aprender a identificar formas creativas de generar riqueza.

Este libro de Bárbara sirve como guía maestra para desencadenar un efecto multiplicador que nos permita retomar la causa social del resurgimiento de la mujer como catalítico emprendedor hacia una mejor inteligencia emocional y financiera. "Todo aquello que la mente pueda concebir y creer... la mente es capaz de lograrlo". Napoleon Hill.

—Antonio Fernós
Catedrático Auxiliar de la Facultad de Ciencias Económicas y Administrativas del Recinto Metropolitano de la Universidad Interamericana de Puerto Rico

REFERENCIAS

Libros:

Orman, Suze (2010). *Women & Money: Owning the Power to Control Your Destiny.* Estados Unidos: Spiegel & Grau, The Random House Publishing Group.

Orman, Suze (2005). *The Money Book for the Young, Fabulous & Broke.* Estados Unidos: Riverhead Books, Penguin Group.

Kiyosaki, Robert T. (2004). *Padre Rico, Padre Pobre.* México: Editorial Aguilar, Santillana.

Páginas electrónicas:

(1) Shiastie. La iluminación. *Dinero es la materialización de tu energia.* En Internet, recuperado de: http://www.lailuminacion.com/temas/la_iluminacion.asp?titulo=DINERO+ ES+LA+MATERIALIZACION+DE+TU+ENERGIA

(2) Motivación y Superación personal.com. *La atracción de dinero es algo que tú puedes aprender a hacer al trabajar con la Ley de Atracción.* En Internet, recuperado de: http://www.exito-motivacion-y-superacionpersonal.com/atraccion-de-dinero.html

(3) Maca Hernández. Organizateya! *Ley de la atracción y como atraer el dinero...* En Internet, recuperado de: http://www.organizateya.com/ley_atraccion_2.htm

(4) Juan Sebastián Celis Maya. Desarrollo personal. *¿En qué basas tu deseo de riqueza?* En Inter-net, recuperado de: http://www.sebascelis.com/en-que-basas-tu-deseo-de-riqueza/

(5) Decortado. Univisión: Foros. *Color de las carteras según el Feng Shui.* 12-04-2008. En Internet, recuperado de: http://foro.univision.com/t5/Feng-Shui/Color-de-las-carteras-segun-el-Feng-Shui/td-p/300228315

(6) Iván Rodriguez. Revistamprende. *Identifica cuál es su personalidad financiera.* 6-10-2013. En Internet, recuperado de: http://www.revistamprende.com/gestion/item/145-identifique-cual-es-su-personalidad-financiera

(7) Jesús Piña. Jesús Piña. *13 mitos acerca del dinero.* 10-30-2012. En Internet, recuperado de: http://jesuspina.com/13-mitos-acerca-del-dinero/

(8) Eva Nicieza. Comparativa de Bancos. *Cómo reemplazar malos hábitos financieros por buenos hábitos.* 9-03-2014. En Internet, recuperado de: https://www.

comparativadebancos.com/como-reemplazar-malos-habitos-financieros-por-buenos-habitos/

(9) Rodrigo Fraga. El universal De10.mx. *¡No rompas el cochinito! 10 consejos para ahorrar.* 1-17-2011. En Internet, recuperado de: http://de10.com.mx/10403.html

(10) Fintonic. Expansión.com. *Los cinco errores más comunes de las finanzas en pareja.* 12-07-2013. En Internet. Recuperado de: http://www.expansion.com/2013/07/12/midinero/1373642388.html

(11) Defenza Central: Usted Pregunta.com. *¿Hasta qué punto influye el dinero en la satisfacción sexual?* 4-02-2014. En Internet, recuperado de: http://www.defensacentral.com/ustedpregunta/categoria/sexo/hasta-que-punto-importa-el-dinero-en-el-sexo/

(12) Abogados a tu alcance. *Capitulaciones Matrimoniales en Puerto Rico.* En Internet, recuperado de: http://www.tusabogadospr.com/home/capitulaciones-matrimoniales

(13) Abogados a tu alcance. *Herencias en Puerto Rico.* En Internet, recuperado de: http://www.tusabogadospr.com/herencia

(14) Quiebras Puerto Rico. *La Ley de Quiebras.* En Internet, recuperado de: http://quiebraspuertorico.com/destacadas/quiebras-2/

(15) Equipo de la Comisión Federal del Comercio. *Fair Credit Reporting Act.* Septiembre de 2012. En Internet, recuperado de: http://www.consumer.ftc.gov/sites/default/files/articles/pdf/pdf-0111-fair-credit-reporting-act.pdf

(16) Comisión Federal del Comercio. En Internet, recuperado de: http://www.ftc.gov/es

(17) Secretario Julián Castro. Español.Hud.Gov. *El Departamento de Vivienda y Desarrollo Urbano de EE. UU.* 10-04-2014. En Internet, recuperado de: http://portal.hud.gov/hudportal/HUD?src=/espanol

(18) Freddie Mac. *Su guía hipotecaria paso a paso: desde la solicitud hasta el cierre.* En Internet, recuperado de: http://www.freddiemac.com/singlefamily/docs/step_by_step_mortgage_guide_spanish.pdf

(19) Agostina Fasanella. Infobae: #Coaching Personal. *10 famosos que fallaron antes del éxito.* 3-13-2014. En Internet, recuperado de: http://blogs.infobae.com/coaching/2014/03/13/10-famosos-que-fallaron-antes-del-exito/

(20) Fidelity Investments. *Conozca los aspectos básicos de su plan de ahorros del lugar de trabajo.* En Internet, recuperado de: https://401k.fidelity.com/static/dcl/shared/documents/WPS_PublicSite/Documents/401k_ESP_UnderstandingtheBasics_423468.pdf

(21) El Diario de la Nena. *6 Errores que cometen las mujeres con el dinero.* En Internet, recuperado de: http://eldiariodelanena.com/6-errores-que-cometen-las-mujeres-con-el-dinero/

(22) Ester Quiroz. Webonomia. *5 factores importantes para un buen trabajo en equipo.* En Internet, recuperado de: http://webonomia.com/blog/5-factores-importantes-para-realizar -un-buen-trabajo-en-equipo/

AGRADECIMIENTOS

Le agradezco a Dios por ser el centro de mi vida y por haberme guiado a lo largo de mi camino. Gracias Allegra Valentina Morales, gracias hija mía, porque juntas y de la mano caminaremos por la vida. Seré tu guía, seré tu amiga, tu compañera y por sobre todas las cosas, seré tu mamá que te ama sin medidas. Gracias princesita hermosa por regalarme cada día tu pureza, tu ternura y tu sonrisa...

Gracias Mami por el apoyo brindado a lo largo de mi vida. Por ser el ejemplo, por promover la unión familiar, pero sobre todo por el cariño y el cuidado que le brindas a mi hija. Gracias Rafael, mi hermano del alma, por llenar mi vida de grandes momentos. Le agradezco a Dios que nos escogiera para estar unidos para siempre.

Le agradezco el apoyo, la confianza y la dedicación a mi gran amigo Silverio Pérez... mi padrino oficial, a mi editora Gizelle Borrero... ahora mi amiga y después de trabajar mi libro, mejor conocedora de las finanzas... A Martín Llorens, y a Antonio Fernós por tu entrega inmediata y tu confianza... y a mi amiga Elizabeth Hernández... porque todos fueron los que me impulsaron a realizar este gran sueño.

Graciela Soto, Delfin Olmo, Ednita Nazario, Carlos Matta... gracias porque diariamente me demuestran que su amistad está a otro nivel, gracias por su interés en mi bienestar y en mis logros.

Gracias por hacerme reír y por ser esa extensión de mi familia. Le pido a Dios que nos brinde muchos años más de amistad. Nuestra energía siempre consiste en dar más que en recibir, por eso viviremos unidos por siempre.

Gracias a Amaury Nolasco, Osvaldo Ríos, Melwin Cedeño, David Alvarado, Juan Adolfo, Antonio Makari, Carlos Noel López, Víctor J. Santiago, Ricky Navarro, Abdiel Alemán, Tommy Torres, Mario Andrés Moreno, Carlos Bermúdez, Carlos Mejía, "El Fashion Gurú", y Waldo Díaz por confiar, por adorarme y por creer en mí en esta etapa tan importante de mi vida.

Gracias a todas las "Mujeres Ricas" que tengo a mi alrededor porque de cada una tengo una historia, una experiencia, porque cada una de ustedes mas bien son ángeles que me llegaron por intervención divina. Gracias... Widalys Rodríguez, Marilyn Rodríguez, Anabel Rodríguez, Yolanda Torres, Carla Ortega, Acsa Ortega, Lissy De La Rosa, Vivi Santisteban, Rebecca Plá, Leticia Borges, Bárbara Bermudo, Zuleyka Rivera, Cynthia Olavarría, Karem Marichal, Lourdes Del Río, Erika Ender, Doreen Colondres, Luz García, Nashali Enchautegüi, Yadira Hidalgo, Carmen Jovet, Claudia Ammirata, Estela Vélez, Mayra Cáceres, Wilnelia Merced, Yinely Iglesias, Deinery Rodríguez, Viviana Mercado, Lucienne Gigante, Jennifer González, Magali Febles, Karla Monroig, Haydeé Rosario Latorre, Mariola Gómez, Loddy Torres, Vanessa Rodríguez, Gilda Haddock, Marian Castro, Beatriz Galarza, Solangelee Molina, Lourdes Lorenzo-Luaces, Luz María Doria, Wesley Cullen, Dayanara Torres y a todas las mujeres ricas que creen en mí y confían en mi asesoría financiera.

Gracias a José "Pepe" Lara, Delfín Olmo y Lizet Miró porque sin duda al ver la portada del libro solo puedo recordar el día más feliz de mi vida, el comienzo de mi sueño hecho realidad. Sus talentos han hecho que mi sueño sea más hermoso.

Gracias a mi Nanny, porque cuidas a mi hija y eso es muy importante para mí. Sin ti esto nunca hubiera podido ser posible. Eres también una "Mujer Rica".

Gracias a dos personas bien importantes en mi vida: la primera es Sister Ida Negrón Santana. Tití Iris, gracias por haberme inculcado los valores más importantes de mi vida y por rezar cada minuto por mí y por todas las mujeres ricas de nuestra familia. Gracias Venecia por adorar tanto a mi hija. Tu historia seguramente es de una "Mujer Rica". Ojalá yo pueda tener por lo menos un centímetro de tu valentía y de tu fe para seguir luchando como lo haces. Gracias por tu confianza y recuerda que seré testigo de tu historia por siempre.

Por último, gracias a ti, abogado de mi alma, porque cada vez que te pienso... siento que vivo...